회복하는 마음

일러두기

- 이 책은 저자가 『경향신문』에서 연재한 '박상희의 구해줘! 내 맘'에서 작품을 선별하고 펴냈습니다. 선별한 작품은 원문을 그대로 사용하지 않고 수정과 보완, 추가 집필을 거쳤습니다.
- 본문 속 글은 모두 실제 사례를 바탕으로 하고, 내담자들의 동의를 얻은 후에 작성되었습니다. 내담자의 개인 정보를 보호하고자 이름 및 세부 사항은 각색했습니다. 또한 사례들은 입말을 살려 작성되었습니다.
- 책, 학술지, 신문 제호는 겹낫표(『 』)로, 논문 및 단행본에 수록된 개별 작품은 홑낫표(「 」)로, 방송 프로그램 등 매체의 제목은 화살괄호(〈 〉)로 표기했습니다.

불안한
마음을 다스리는
해방 심리학

회복하는 마음

박상희 지음

상상출판

샤론정신연구소의 박상희 소장의 신간『회복하는 마음』은 상처받은 분들의 사례에 대한 심리 상담을 모은 책이다. 저자는 다양한 사연을 가진 이들이 호소하는 아픔을 잘 어루만져 주면서도 "마음의 회복을 위해서는 무엇보다 자기 자신이 가장 소중한 존재라는 것을 인식하는 것"이라는 핵심적인 메시지를 전달하고 있다.

우리들 모두는 저마다 자신의 의지와 무관한 옷을 부여받고 태어나게 된다. 세상이 공평하지 않다고 생각하게 되는 것은 비싸고 좋은 옷을 입게 되는 사람도 있지만 싸고 낡은 옷을 선택받게 되는 사람도 있어서다. 어차피 이 세상을 떠날 때는 모든 것을 벗어 던지고 알몸으로 다시 돌아간다. 그것이 인생이라면 어떤 옷을 입게 되더라도 그 옷의 주인인 마음을 잘 유지하는 것이 중요하다.

이 책을 통해 우리는 다름의 가치를 인정하고 자신의 소중함을 깨닫게 될 것으로 확신한다.

- 박종익 * 강원대학교병원 정신건강의학과 교수/중앙자살예방센터 초대 회장

아동 학대로 인해 고통과 어려움을 호소하는 아이들과 그럴 수밖에 없었다는 부모들. 아동 보호 현장에서 마주하게 되는 수많은 위기 가정들은 아동 보호 정책의 변화에도 불구하고 더불어 증가

추세에 있다. 부모들은 아이들을 위한 일이었다고 말하지만 아이들에게는 고통이자 학대인 경우가 대다수다. 부모들 또한 아이 양육이 어려운 과제가 된 것이 요즘의 현실이다. 고통받고 있는 위기가정의 복합적인 원인과 감정들을 다루는 일들이 쉽지 않다. 당사자인 부모와 아이들은 문제에 매몰되어 감정적으로 반응하기에 더더욱 마음 돌봄이 힘들다.

이러한 현실을 반영하듯이 박상희 작가의 『회복하는 마음』에서는 심리 검사와 심리 상담 및 코칭을 통해 대상자들의 마음의 병을 치유하고 회복시키는 데 목표를 두고 있다. 다양하고 복합적인 개인의 심리적인 어려움을 나누고, 도움을 요청한 클라이언트에게 지지와 위로를 주는 책이다. 또한 위로에서만 멈추지 않고, 위기를 기회로 바꿀 수 있도록 대안을 함께 고민한다. 이는 읽는 이들에게도 실질적인 위로가 될 것이라 믿는다. 개인의 상담 사례에서 그치지 않고 제언과 상담 후기를 통해 이후 문제의 원인을 파악해 보기도 하고, 우리 사회가 함께해야 할 정책에 대한 방향을 제시하여 사회적 관심을 촉구하는 등 마음 돌봄이 필요한 시대에 필요한 이야기들이 담겨 있기에 이 책을 추천하고 싶다.

- 이희연 * 굿네이버스 은평아동센터 관장

나에게로 사람이 온다

20년 동안 많은 내담자를 만나면서 한 명 한 명이 전하는 이야기들이 정말 크고 깊고 귀하며 용기 있고 근사하다는 생각을 했다. 그때마다 사람들에게 위로와 힘을 줄 수 있는 가장 강력한 존재는 심리 이론보다 '삶의 진정성을 담은 이야기'라는 것을 깨닫곤 했다.

『회복하는 마음』을 통해 스물다섯 가지 삶의 이야기를 독자 여러분들과 나누었다. 이야기의 주인공들은 우리와 함께 살아가는 이들이었다. 나는 그들의 상담사였지만, 그들은 내 삶의 스승이기도 했다. 결코 포기하지 않고 살아내려고 했던 그들로부터 삶에 대해 더 많이 배운 사람은 바로 나였다.

돌아보면 올해에는 '심리 열풍'이 뜨거웠다. TV에서는 여러 상담 예능 프로그램이 선보였고, 온라인 플랫폼 및 강좌에서도 심리 관련 콘텐츠가 넘쳐났다. MBTI는 과거의 혈액형만큼이나 타인을 이해하는 수단으로 널리 퍼졌다. 3년 가까이 이어진 코로나19 시대에 쌓였던 마음 문제 즉, 고립·불안·공포·분노·트라우마 등의 이슈가 폭발하게 된 것이 심리 열풍의 가장 큰 원인이었다.

과거에는 마음이 힘들 때 터놓고 말할 누군가가 있었다. 하지만 최근에는 힘든 마음을 나눌 사람이 없다는 현실 또한 심리 열풍을 낳은 또 다른 이유라 할 수 있다. 마음이 힘들어도 들어줄 사람이 없다. 게다가 마음을 이야기하는 방법도 잘 모른다. 이런 형국이라 TV나 온라인 등에서 나를 위로해 줄 그 누군가를, 그 무엇인가를 간절히 찾게 된다.

상담사의 관점에서 볼 때 우리 사회의 정신 건강 문제는 그동안 크게 변화해 왔다. 내가 처음 상담학을 만났던 1990년대 후반에는 외로움, 우울증, 각종 폭력 등의 문제로 힘들어하는 이들이 많았지만, 요즘처럼 이렇게 두려움, 불안, 분노가 사회 전반에 퍼져 있지는 않았다. 1997년 외환 위기, 2008년 금융 위기, 2020년 코로나19 팬데믹 등을 겪으면서 우리 사회의 정신 건강 문제는 점점 더 심각해져 왔다. 'OECD 국가 중 최고 수준의 자살률' 현상 하나만으로도 심각성을 확인할 수 있다.

치유에 대해서는 먼저 개인적인 접근이 필요하다. 많은 이들이 예전에 비해 심리 상담소나 정신과의 방문을 한결 편안하게 느끼는 것은 다행스럽다. 정신과 마음을 케어해야 할 때 가장 좋은 조합은 심리 상담과 약물 치료를 겸하는 것이다. 감기에 걸리면 열, 기침, 콧물 등의 증상은 약으로 처방하고 잦은 감기를 일으키는 근본 원인을 찾아 체력을 증진 시키거나 면역력을 강화한다. 정신적인 병 역시 급한 증상은 약물을 사용하는 동시에 그 근본 원인을 찾고 단련하려는 노력이 중요하다.

현대사회는 극심한 경쟁과 스트레스 속에서 살아남아야 한다. 마음이 힘들 수밖에 없다. 21세기에는 이제 스스로 자신의 정신 건강을 돌보는 것은 필수가 되었다. 몸의 근육이 중요하듯, 마음의 근육을 기르는 것이 중요하다. 혼자서 힘들 경우 주변인들의 손을 잡아야 하고, 전문가의 도움을 받는 것도 중요하다.

치유를 위해서는 개인적인 접근에 사회적 관심과 국가적 노력이 더해져야 한다. 부모가 무능하거나 지나치게 권위적이면 아이들이 활기차고 행복하게 자랄 수 없듯, 국가가 무능하거나 과도하게 권위적일 경우 고통을 입게 되는 것은 국민이다. 개개인이 느끼는 정신 건강 고통의 가장 깊은 곳에는 사회와 국가의 구조적인 문제가 도사리고 있다.

곧 JTBC 〈사건반장〉 패널로 참여한 지 10년이 된다. 패널 초기에는 우리 사회가 점점 좋아질 것이라는 기대를 품었지만, 점점 더 잔혹해지고 지능화되는 사건들을 지켜보면서 요즘에는 어디에서 희망을 찾아야 하는지 막막함을 느끼고 있다. 많은 사건의 근본 원인으로 가정 폭력, 학교 폭력, 빈부 격차 등의 문제가 놓여 있었다. 개인적으로 나는 사건의 뿌리가 되는 사회적 원인을 다루어 보고 싶었다. 정신 건강 문제에서도 이런 근본 원인이 중요하고, 그 원인에 대한 사회적 관심과 국가적 처방 없이 문제를 완전히 해결할 수 없다. 이 글들을 통해 조금이나마 구조적 차원의 생각들을 펼쳐 보일 수 있었던 것에 깊이 감사한다.

신문 연재를 잘 마칠 수 있게 도와주신 경향신문 박구재 상무님, 박효순 부국장님께 감사드리고, 책으로 엮어져 나올 수 있게 이끌어 주신 상상출판 정유진 편집자께 감사한다. 특별히 사례들에서 만난 주인공들에게 깊은 감사의 뜻을 표한다.

올해는 우리 모두 마음이 화창해지는 소식들이 더욱 많아지기를 기대한다.

박 상 희

차 례

1장

어쩌면 가족

*

*

*

*

*

가끔은

가족이라는

단어에 괴롭다

아빠가 눈앞에서 죽어가는데 안도했어요

명절이었는지, 특별한 날이었는지, 가족이 모두 모여 있었어요. 아빠가 사업에 실패해 우리는 시골 할아버지 집 근처로 내려가 살았어요. 할아버지 댁은 담배 농사를 짓고 있어서 늘 농약이 구비돼 있었어요. 그날 아빠는 돈을 주지 않으면 농약을 마시겠다고 협박하다가 보란 듯이 가족들이 보는 앞에 농약을 마셔버렸죠. 당시 아빠 나이 37세였어요. 아빠는 리어카로 읍내 병원으로 실려 갔고, 저녁이 되어 죽은 몸으로 다시 리어카로 실려 왔어요.

아빠가 농약을 마셨을 때, 할머니가 뛰어가서 구정물 통을 들고 왔어요. 시골 농가에서 구정물은 위세척액 같은 거예요. 구정물을 바로 들이켜면 농약을 토해낼 수 있거든요. 그런데 할머니가 가지고 온 그 구정물 통을 엄마가 발로 차버렸어요. 엄마는 그걸 실수인 것처럼 이야기했죠.

하지만…… 글쎄요. 진실은 엄마와 아빠, 하늘만 알겠죠. 할머니는 그때부터 엄마를 미워하기 시작했지만, 사실 저는 엄마를 이해했어요. 아빠가 눈앞에서 죽어가는 와중에 제가 느낀 감정은 '다행이다'라는 안도감이었거든요.

아빠는 키도 크고 잘생긴 분이었어요. 하지만 가족에 대한 책임감이 없고, 술과 노름을 좋아했죠. 그래서 엄마와 자주 싸웠어요. 술에 취하면 몇 번씩이나 제 목에 칼을 대고 "너희는 내 자식들이니 내가 책임지고 데리고 가야 한다. 엄마는 남이니 데리고 갈 필요 없다"고 말하곤 했어요.

당시에 아빠는 우리 남매를 먼저 죽이고, 본인도 극단적인 선택을 하려 했던 것 같아요. 그럴 때마다 저는 너무 무서웠거든요. 그래서 아빠가 없어져 차라리 다행이라고 생각한 거예요. 그때 전 고작 10살이었어요.

그런데 세월이 많이 흐른 지금도 저는 여전히 공포 속에서 떨면서 살아요. 지금도 무슨 일이 일어날까 봐 두려워요.

그래서 남편이 돈을 벌어 오지 않아도, 시댁에서 저를 구박해도, 웬만한 일들은 그냥 참고 넘겨요.

영옥 씨의 이야기를 들었을 때, 솔직히 말해 충격이었다. 아버지를 살릴 수 있는 구정물 통을 어머니가 발로 찼다는 말에 놀란 표정을 숨기지 못해 미안했다. 그러나 당시 10살이던 소녀가 느낀 죽음의 공포를 말했을 때, 나는 그 상황을 이해할 수 있었다. 영옥 씨의 어머니가 구정물 통을 일부러 찬 것인지, 구정물이 더러워 엎은 것인지는 알 수 없다. 이유가 무엇이었든 그 행동의 의도는 아이들을 보호하고자 하는 절박한 모성애였으리라.

영옥 씨가 느낀 혼란은 어찌 보면 당연했다. 아버지가 눈 앞에서 죽어가고 있으니 무섭고 슬프면서도, 안도감을 느끼고 마음이 편안해질 수밖에 없었다. 그러나 어린아이가 감당하기에는 혼란스럽고 어려운 감정이었을 것이다. 이러한 혼란 속에서 영옥 씨는 선과 악이 동시에 존재할 수밖에 없다고 여기기 시작했다. 자신에게 닥친 폭력 앞에서도 영옥 씨는 '온전히 선한 사람이 어디 있겠나'라는 심정으로 더 깊이 가라

앉았다.

진솔한 감정을 누군가에게 터놓고 이야기할 수 있었다면 참 좋았을 것이다. 그러나 영옥 씨가 겪은 일련의 사건들은 어디에서도 언급해서는 안 되는 '가족의 비밀'로 이름 붙여졌다. 어린 소녀에게는 이 혼란들이 굳건한 신념처럼 머리와 마음속에 자리 잡혔을 것이다.

나는 영옥 씨를 만나 사연을 나누고도 그녀가 말하고 싶은 진심을 솔직하게 이야기하지 못한다는 사실을 알 수 있었다. 일부러 솔직하지 못한 것이 아니라, 감정을 분리해 이성적 방식으로 문제에 대처하는 주지화Intellectualization* 방어기제가 아주 오래전부터 굳어져 있었기 때문이다. 주지화 과정에서 영옥 씨는 자신에게 일어난 사건과 감정을 제대로 들여다보지 못하게 되었다. 고통스러운 기억이 거듭 영옥 씨의 발목을 붙잡곤 했다.

영옥 씨를 가장 힘들게 만든 요인은 본인 내면에 존재하

* 주지화는 심리 방어기제의 하나로서, 고통스럽거나 힘든 감정으로부터 자아를 분리한 채 지나치게 이성적이고 지적인 방법으로 문제에 대처하는 방식이다.

는 선과 악이었다. 아버지가 죽었음에도 안도감을 느꼈다는 사실에 본인을 악한 사람으로 여기게 되었다. 10살의 소녀는 어떤 잘못도, 나쁜 의도도 없는 단지 '아이'에 불과했다. 그런데도 여전히 자라는 중이었던 아이에게 이중적 감정 문제가 풀리지 않는 의문으로 남았고, 그 의문이 어른이 된 지금까지 이어져 영옥 씨에게 영향을 미쳤다.

그러나 그 상황에서 어린 영옥 씨처럼 느끼지 않을 수 있는 사람이 몇이나 될까. 누구나 같은 감정을 느꼈을 것이다. 사랑하는 아버지가 죽음을 맞아 슬프겠지만, 한편으로는 나의 목숨을 위협하던 위험 요소가 사라졌으니 안도할 수밖에 없다. 아주 자연스러운 감정이다. 안도감을 느꼈다는 사실에 더는 죄책감을 가지지 않아도 된다. 아버지의 죽음에 안도한 영옥 씨는 악한 존재가 아니다.

나는 지금이라도 영옥 씨가 마음속의 10살 아이를 의심 없이 위로해 주기를 바란다. "너 때문이 아니야. 아빠의 행동이 잘못되었어. 아빠의 죽음에 슬퍼하면서도 안심할 수밖에 없었어"라고 말이다. 물론 모든 원인을 아버지가 제공했다고 해서 무조건 아버지라는 존재를 미워하기만 할 필요도 없다.

영옥 씨는 아버지의 죽음 전후로도 수많은 감정의 풍파를 겪어야 했다. 아버지의 술친구였던 남자가 영옥 씨가 홀로 있던 집으로 찾아와, 흉기로 위협해 끌고 가려 한 적도 있었다. 영옥 씨의 어머니가 일하다 잠시 집에 들린 덕에 남자는 곧장 도망갔고, 영옥 씨는 간신히 위험을 피할 수 있었다. 하지만 같은 동네에 살았기에 그 후로도 몇 번이고 가해자와 마주쳤다. 마을에서 마주칠 때마다 그는 영옥 씨에게 그날 일을 누구에게라도 발설한다면 죽여버릴 거라고 거듭 협박했다. 영옥 씨가 두려움에 떨면서도 그 사실을 함구했던 이유는 다름이 아니라 부모님이 이 일로 싸우게 될까 염려해서였다.

아버지의 죽음 이후 시간이 흐르며 영옥 씨는 선과 악을 품은 채 성장하게 되었다. 완벽한 선도, 악도 없다는 생각에 쉽게 타인과 대화를 이어나가기 힘들었다. 어른이 되어서도 마찬가지였다. 기대도 실망도 없이 어느덧 영옥 씨는 혼자가 되었다.

그런 시간이 계속해서 영옥 씨의 삶에 누적되었다. 그래서 영옥 씨는 남편이 돈을 벌어오지 않는다면 혼자 억척스럽게 돈을 벌며 괜찮다고 자조하고, 시댁 식구들이 구박해도 모르는 척 견디기만 했다. 그러나 영옥 씨의 인내가 가족을 사랑하는 마음에서 비롯되지는 않았다. 가족을 잃을지도 모른다는 공포감에서 발생한 특성에 가깝다. 이 패턴은 어린 소녀가 아버지의 죽음과 직면했을 때, 모든 것을 홀로 참고 두려워하며 혼란에 빠져 있던 감정의 연장선에 있다. 그 시간이 47년이 흐른 지금까지도 영옥 씨를 주눅들게 만들었다.

그러나 이제 영옥 씨는 환갑을 앞두고 있다. 10살 아이에서 벗어나는 데 걸린 47년은 그동안 영옥 씨가 현실이 아닌 과거에서 살아왔다는 것을 의미하기도 한다. 이제는 현실로 빠져나올 시간이다. 어린 시절의 공포에서 벗어나 즐겁고 유쾌한 자신의 삶을 가꾸어 나가야 한다.

동반 자살이 아니라 가족 살해 후 자살이다

한때는 가장이 가족 구성원을 살해하고 자기 스스로 목숨을 끊는 것을 '동반 자살'이라고 칭했다. 그러나 최근에는 '동반 자살'이라는 표현 대신, '가족 살해 후 자살'이라는 표현을 사용한다. 물론 개개인의 삶의 무게와 사연이 존재할 테니 일방적으로 비판만 해버리기 쉽지 않은 주제다. 그러나 배우자와 아이들의 생명이 가장의 소유가 아니라 그들 본인의 것이라는 사실을 분명히 인지해야 한다. 가부장적 사고에 사로잡힌 이들에 의해 일어나는 '가족 살해 후 자살'은 중대한 범죄다.

보건복지부 산하 아동권리보장원의 아동 학대 통계를 보면, 아동 학대로 인한 사망자 중 자녀 살해 후 극단적 선택을 하는 사건이 증가하고 있다. 2018년 발생한 아동 학대 사망자 28명 중 7명(5건)이 자녀 살해 후 극단적 선택으로 희생되었고, 학대 사망자가 42명으로 확인된 2019년에는 부모 9명(6건)이 아동을 살해하고 극단적 선택을 했거나 시도했다. 가장 최근 통계인 2020년에는 43명으로 집계된 아동 학대 사망자의 무려 27%에 달하는 12명(12건)이 극단적 선택을 결심한 부모에 의해 살해당했다.

범죄를 저지른 후 생존한 부모들에게 왜 이런 행동을 했냐고 물어보면, 대부분이 "자신(혹은 부부)이 사망하고 난 뒤에 혼자 남겨질 아이의 삶이 불행할 것 같아서"라고 대답한다. 물론 아이를 양육해 본 엄마 된 입장으로서 고통스러운 심정을 전혀 이해 못 하는 바는 아니다. 그러나 여기에는 너무나 위험하고 잘못된 생각이 도사리고 있다. 바로, 아이를 부모의 소유물로 인식하고 있다는 점이다.

소유물이란 무엇인가? 가질 수도 있고 버릴 수도 있고, 유지할 수도 있고 없앨 수도 있는 '물건'이다. 사람이 사람의 소유물이 될 수 있는가? 단언컨대 불가능하다. 가족 구성원을 소유물로 여길 때 가정 폭력이 시작된다. 배우자는 협력자이자 동반자일 뿐 소유물이 아니고, 아이는 보호하고 사랑해야 할 대상일 뿐 아이의 권리까지 빼앗을 수는 없다. 불행할까 봐, 외로울까 봐 등의 갖가지 이유를 대며 아이의 죽음을 부모가 결정하는 것은 결코 사랑이 아니다. 애정으로 양육하되 아이의 삶을 온전히 아이의 것으로 인정해 주는 것이 사랑이다.

한 인간의 미래란 어떻게 펼쳐질지 예상할 수 없는 미지의 영역이다. 우리는 불행한 환경 속에서도 최고의 성공을 이루거나, 인류에 큰 도움이 되었던 수많은 영웅의 이야기를 알고 있다. 부모가 자신의 삶이 실패했다고 해서 아이에게 주어진 삶마저 실패했다고 단정하며 생명을 빼앗는 것은 그 아이의 생명을 빼앗음과 동시에 그 아이에게 주어진 모든 기회와 가능성도 빼앗은 몹시 심각한 살인 행위이다.

비속(아래쪽 계열 친속) 살해를 막기 위한 대책이 필요하다는 목소리가 나오고 있다. 존속(위쪽 계열 친속) 살해처럼 비속 살해도 가중 처벌해야 한다는 주장이 특히 대표적이다. 현행법상 친부모, 배우자 직계 존속을 살해하면 일반 살인죄보다 무겁게 처벌한다. 살인죄의 형량은 사형·무기 또는 5년 이상의 징역이지만, 존속 살해는 사형·무기 또는 7년 이상의 징역이 적용된다. 그러나 자식 및 자손을 살해하는 비속 살해는 별도의 가중 처벌 규정이 없어 일반 살인 사건으로 다루어진다. 이는 자식을 부모의 소유물로 인식하는 유교 사상의 영향이라는 분석이 지배적이다.

대부분의 사람이 부모를 살해한 사람의 경우 하늘도 용서할 수 없는 패륜아로 인식하지만, 자식을 죽인 사례의 경우에는 '오죽했으면 그랬겠냐'는 감정적 생각으로 얼버무린다. 하나만 이해하고 둘은 헤아리지 못하는 사고라고 볼 수 있다. 이런 가해자 중심 사고에서 벗어나야 한다. 가해 중심 논리가 통용되면 죄 없이 죽어가는 아이들을 막을 방법이 없다. 자식을 죽이려고 하는 부모는 '불쌍한 사람'이 아니라, '부모를 죽이는 잔혹한 자식'에 버금가는 살인자라고 인식되어야 한다. 그래야 죄없이 스러져 가는 무고한 아이들의 희생을 막을 수 있다.

동시에 우리 사회는 최악의 어려움에 놓인 부모들이 자신과 아이들의 삶을 포기하지 않고 살아낼 수 있도록 최소한의 물질적, 정신적 기반을 제공해 이런 비극적인 선택이 없도록 조치해야 한다. 적어도 그것이 사회의 도리다. 죽임당했거나 죽임당할 뻔한 기억으로 무사한 삶을 박탈당한 아이들을 더는 지켜볼 수 없다.

코로나로
부모님을 모두 잃었어요

제게 이런 일이 생길 거라고 상상도 못 했어요. 코로나가 시작됐을 때 저는 태국 여행 중이었어요. 사람들이 코로나라는 병이 생겼으니 마스크를 사서 꼭 쓰고 귀국하라고 했을 때도 전혀 체감하지 못했어요. 그런데 그 후 2년 사이 코로나로 엄마와 아빠를 차례대로 잃었어요.

엄마는 평소 아프신 곳이 없으셨어요. 씩씩하고 밝아 인기 있는 젊은 할머니셨어요. 작년 초에 엄마, 아빠, 동생 모두가 코로나 변이인 델타 바이러스에 걸렸어요. 각자 다른 병원에 격리됐다가 돌아왔는데, 엄마는 증상이 심해져서 다시 입원하셨어요. 의사가 폐섬유화가 심각하게 진행된 데다가 폐렴까지 더해져 치료가 불가능하다고 했어요. 하늘이 무너지는 말이었죠. 엄마가 돌아가신다는 생각은 한 번도 해본 적 없었기에 마음의 준비가 조금도 안 됐어요. 병원으로 들어간 엄마가 전화로 "나 곧 죽을 것 같은데 제발 병원에서 빼내 줘라. 죽어도 집에 가서 죽고 싶다"고 하셨는데 제가 큰소리를 쳤어요. 엄마를 위로해 드린 게 아니라 야단을 쳤어요. "지금 온 가족이 우울하고 힘든데 가족 다 죽이려고 하시는 거예요? 왜 그런 애 같은 말씀을 하세요? 엄마가 거기서 치료받고 병 나아서 나오셔야지"라고요. 그게 엄마와 나눈 마지막 대화였어요. 곧 의식을 잃으셨거든요.

엄마는 그렇게 돌아가셨어요. 엄마를 외롭게 보내드렸다는 죄책감이 너무나 커요. 평생 감당할 수 없는 트라우마가 됐어요. 면회가 허락되지 않았으니 병원에 들어가신 후 한 번도 볼 수 없었고, 결국 임종도 못 봤어요. 저는 도저히 엄마를 보내드릴 수가 없어서 "제발 우리 엄마 좀 살려달라"고 애원해서 2개월간 연명 치료를 했어요. 나중에 가서 엄마의 마지막 모습을 봤는데 테이핑을 너무 많이 해서 생살이 다 찢어져 있었어요. 몸도 다 부으셨고요. 이 죄스러움을, 이 그리움을 어찌할 수가 없어요. 엄마가 돌아가신 후 핸드폰에 남아 있는 엄마 목소리를 한 번도 못 들었어요. 엄마의 목소리가 너무 간절하지만 들을 용기가 나지 않아요.

아빠도 얼마 지나지 않아 돌아가셨어요. 2022년 3월 말이었어요. 아빠는 지병으로 요양 병원에 계셨어요. 오전에 코로나 확진 소식을 들었는데 오후에 병원에서 돌아가셨어요. 약해진 몸으로 코로나 바이러스를 이겨내지 못하셨겠죠. 아빠 임종 역시 못 봤어요. 이 시기가 확진자가 급증한 때였잖아요. 그야말로 아비규환이었어요. 돌아가셨다는 소식을 듣고 급히 병원으로 갔지만 안치실도, 장례식장도, 화장장도 없었어요. 냉동실에 아빠를 두고 대기해야 했어요. 지인들에게도 알리지 않았어요. 들어도 마음만 괴로운 소식이고, 올 수도 없었으니까요. 그래서일까요? 저는 여전히 아빠와 이별하는 연습 중이에요. 자기 전에 무척 마음이 힘들고, 두 분이 꿈에도 자주 나오셔요.

어버이날에는 평소보다 더 힘들었어요. 왜 나에게 이런 일이 생겼는지 여전히 받아들이기 어려워요. 물론 전 세계가 함께 겪은 일이고 저처럼 마음 아픈 이들이 한둘이 아니라는 걸 알아요. 그렇다고 괜찮지는 않아요. 엄마는 평소 지병이 없던 분이라 안타까움이 더해요. 사람들은 엔데믹이라고 일상을 회복한다고 하는데 제게는 엔데믹이 오지 않아요. 속에서 못 받아들여요. 무슨 일이 또 일어나면 어쩌지 하는 생각이 들어 늘 불안하고요. 예전으로 돌아갈 수는 없을 것 같아요.
머리로는 '어쩔 수 없었다', '엄마와 아빠의 임종을 못 본 것이 내 잘못은 아니다'라고 생각하고 있지만, 마음으로는 그게 안 돼요. 그냥 다 제 잘못 같아서 마음이 아파요. 엄마, 아빠도 마지막 순간에 우리 형제들이 얼마나 보고 싶으셨겠어요. 저희 손을 잡고 마지막으로 당부하시고 싶은 말씀이 얼마나 많으셨겠어요. 얼마나 자식들이 간절하셨겠어요. 부모님께서 돌아가시고 나니 '다음 차례는 나구나'라는 생각도 들어요. 인생이 참 허망해요. 저처럼 마음 아프신 분들이 많을 텐데 다들 위로를 받으셨으면 좋겠어요. 시간은 결국 지나가겠죠.

두렵던 코로나19로부터 한 발자국 벗어나 일상의 회복이 시작되고 있다. 팬데믹에서 엔데믹Endemic*으로 전환된다면 아무 일 없었던 것처럼 우리가 행복해질까? 안타깝게도 그렇지는 못할 듯하다. 개인의 정신 건강 측면에서는 오히려 지금부터가 더 빨간불이다.

'코로나 블루'보다 더 강력한 '포스트 코로나 블루'가 시작되고 있다. 코로나 블루라는 용어는 누구나 한 번쯤은 들어봤을 것이다. '코로나19'와 우울을 뜻하는 'Blue'가 합쳐진 신조어로, 코로나19의 확산으로 일상에 큰 변화가 생기면서 발생한 우울감이나 무기력증을 뜻한다. 포스트 코로나 블루란, 전 세계를 뒤흔든 전염병 재난이 끝날 무렵 덮쳐오는 우울감이다. 많은 이들이 코로나19의 위험성이 사라지면 우울감도 해소될 것이라고 예상하겠지만 안타깝게도 현실은 그렇지 않다. 큰 재난이 발생한 후 정신 건강이 가장 위험한 시기는 재난 후 3년 시점이다. 실제로 팬데믹 현상이 수그러들어 조금

* 엔데믹은 본래 특정 지역에서 지속해서 발생하는 질병을 뜻했으나, 코로나19로 '주기적 유행의 감염병' 정도의 의미로 쓰이게 되었다.

씩 일상이 회복되고 있지만, 우울감이나 스트레스는 팬데믹 시기보다 더 늘어났다는 보도가 이어지고 있다. 국가트라우마센터에 따르면, 코로나19 이전에 국내 우울 위험군은 3.8%였던 반면, 2022년에는 18.9%로 크게 치솟았다.

포스트 코로나 블루에서 눈여겨봐야 할 사항이 두 가지 있다. 첫 번째는 달라진 일상에 적응하는 데서 오는 스트레스다. 거리 두기 해제로 회식 및 모임이 활발해지고 개인 시간이 줄어들면서 변화된 상황을 버거워하는 개인이 늘고 있다. 특히 사회 경험이 적은 20~30대 직장인들은 공동체 및 집단의식에 관한 스트레스에 더 취약할 수 있다. 실제로 많은 MZ 세대들이 코로나19가 지난 후에도 재택근무나 비대면 근무를 선호하고 있다. 테크놀로지, 개인주의, 비대면 업무에 익숙해질 수밖에 없었던 세대에게 지금 와 이기적이라거나 사회성이 떨어진다고 몰아세운다면 갈등과 스트레스는 배로 늘어날 수밖에 없고, 우울증으로 확대될 수 있음을 주목해야 한다.

두 번째는 상대적 박탈감이다. 재난이 닥치면 사람들은 합심해 재난을 이겨나가는 데 집중한다. 그런데 재난이 끝남에 따라 각자의 일상으로 돌아가려 하면 사람마다 회복력과 회복 속도에 차이가 생길 수밖에 없다. 어떤 이들은 자연스레 되돌아갈 수 있지만, 그렇지 못한 이들이 존재한다. 그 재난으로부터 직접적인 피해를 입은 사람들이라면 회복이 더 어렵다. 사랑하는 이를 잃었고, 경제적으로 무너졌고, 사회적 기회를 상실한 이들은 쉽게 회복되지 않는다. 다른 이들은 일상을 찾아가는데 나만이 그렇지 못한 것 같다면 '나만 고통스럽다'라는 생각이 들 수밖에 없고, 이런 생각은 무기력증과 우울감을 낳게 된다. 또한 사회적 약자가 코로나19 후유증이 더 클 수밖에 없다. 공동의 과제였던 위험을 각자가 책임지는 상황이 되었을 때 그 위험은 모두에게 평등하지 않다. 아프거나, 나이가 어리거나 혹은 많거나, 경제적으로 취약하거나, 사회적으로 고립된 경우에는 당연히 동일한 위험일지라도 대상에 따라 파급 효과가 달라진다.

2023년 3월 통계로 볼 때 코로나19 사망자 숫자가 세계적으로는 680만 명을 넘어섰고, 국내는 3만 4,000여 명으로 집계되었다. 사망자의 직계 가족만 심리적 충격을 받았다고 가정해도 그 규모는 7만여 명에 달한다. 급작스러운 재난으로 사랑하는 가족을 잃은 남겨진 이들의 심정은 차마 형용할 수 없다. 코로나19로 인한 사망의 경우 충분한 애도 과정을 거치지 못했다는 점에서 남은 이들에게 더욱 큰 상처를 남긴다. 사랑하는 이들이 사망하면 애도 과정을 통해서 고인의 죽음을 이해하고 받아들이며 해석하는데, 예상치 못했던 상황에서 죽음을 선고받고 임종을 못 본 채로 장례도 제대로 치르지 못하면 가족들은 잘못이 전혀 없음에도 불구하고 사랑하는 이를 지키지 못했다는 깊은 죄책감에 평생 시달리게 된다. 해당 사연의 주인공 윤서 씨도 마찬가지다. 코로나19로 인한 희생자들을 사회적으로 함께 애도하고, 개인들의 잘못이 아님을 천명하는 작업이 필요한 이유다.

코로나19로 인한 희생자 가족과 시민 단체는 정부에 코로나19 희생자, 유족들에 대한 추모 및 예우에 관한 사업 시행 등 필요한 입법적·행정적 조치를 할 것을 요청했다. '코로나19 인권대응 네트워크'는 코로나19로 희생된 사람들에게 공적인 기억과 추모의 권리가 보장되지 않았다는 주장을 통해 정부가 이제라도 공적인 애도의 장을 만들기를 촉구한다는 진정서를 국가인권위원회에 제출했다. '코로나19 위중증 피해 환자 보호자 모임'에서 활동하고 있는 유족들은 "희생자와 유족들은 추모하고 애도할 권리를 박탈당한 채 가족과 친구의 죽음이 없었다는 듯이 남겨져야 하는 것인가?"라고 물으며 이제는 국가가 코로나19 참사를 어떻게 기억할 것인지 답을 들려주어야 할 때라고 했다.

우리 모두 포스트 코로나19 시대를 처음 살아본다. 이 시기를 잘 극복할 수 있는 지혜는 어떤 것일까. 누구에게 물어봐야 알 수 있을까. 고립된 채 외로웠던 이들에게는 속마음을 털어놓을 수 있는 친밀한 사람을 만나는 것만으로도 회복에 한 걸음 다가설 수 있다. 그러나 코로나19로 인해 남은 트라우마는 개인의 사정이 아닌 공공의 책임이 되어야 한다. 따라서 정부를 포함한 공공기관들은 마음의 상처를 치유할 수 있는 제도적 뒷받침을 강화해야 한다. 우리 모두 힘을 모아 상처가 흉터가 되지 않도록 노력할 수 있기를 소망한다.

재혼 후 가족 위기, 다시 이혼해야 할까요

남편과 저는 이혼의 상처가 있는 상태에서 만났어요. 남편에게는 8살 딸이 있었고, 제게는 6살·4살 두 아들이 있었어요. 저는 원래 소심한 성격인데다가 마음의 상처가 아물지 않은 상태라서 조심스러웠어요. 그런데 남편이 두 번째 만남 이후 적극적으로 나오더라고요. 제 조용하고 편안한 성격이 좋았다고 했어요. 만난 지 6개월 만에 재혼했어요. 10년간은 행복했어요. 다정한 남편이었고, 아들들에게도 잘해줬어요. 예쁜 막내딸도 태어났고요. 아들들은 처음에는 불편해했지만 점점 나아졌어요. 큰아들이 초등학교 때 전교생 앞에서 억울하게 혼난 일이 있었는데 남편이 학교로 달려가서 선생님의 사과를 받아내고 아이의 억울함도 풀어준 일이 있었어요. 아이들이 그때부터 남편을 따르더라고요. 부재했던 남자 어른의 존재가 든든했겠죠. 남편이 운영하는 갈빗집도 점점 자리 잡혔고, 모든 것이 좋아지고 있었어요.

문제는 코로나 이후에 터졌어요. 식당이 텅텅 비자 남편이 예민해지기 시작했어요. 저는 숨죽이고 남편 기분에 맞추었어요. 남편이 평소에는 자상하지만, 다혈질이라 한번 터지면 폭발해 버리거든요. 또 다른 문제는 아이들이 모두 사춘기에 접어들었다는 것이었어요. 올해 딸이 고2, 큰아들이 중3, 작은아들이 중1이에요. 연신 갈등 상황이 일어났죠.

대출 이자도 못 갚는 지경이 되자 남편은 점점 더 신경이 날카로워졌어요. 주로 아들들에게 화를 냈어요. "게임만 한다", "꼬박꼬박 말대꾸한다"라면서요. 가끔은 술을 마시고 들어와 소리도 질렀어요. 사춘기 남자아이들이 그걸 계속 참고 듣겠어요? 큰아들은 같이 언성을 높이며 대들기 시작했고, 작은아들은 귀에 이어폰을 꽂고 경멸하는 얼굴로 빤히 남편을 쳐다보곤 했는데 그럴 때면 남편은 더 화가 나서 난리를 부렸어요.

큰딸은 큰딸대로 문제였어요. 저와 큰딸도 사이가 별로 좋지 않아요. 저는 성격이 내성적이고 소심한데 그 아이는 학교에서 체육부장을 할 정도로 활발하고 성격이 강해요. 그러다 보니 제가 좀 벅차서 살갑게 대하지 못했어요. 그런데 얼마 전 큰딸이 남편에게 "난 내년에 수능 보고 나면 집 나가서 혼자 살 거니까 방이나 하나 얻어주고 신경 끄세요"라고 했다는 거예요. 남편이 꾸짖으니 "새엄마랑 나는 피도 안 섞인 남인데 왜 자꾸 가족을 강요하세요? 새엄마는 나한테 관심도 하나도 없는데!"라고 소리를 질렀다고 하더라고요. 남편이 저에게 "내 돈으로 네 아들들만 잘 먹고 잘 입히고 내 딸은 콩쥐처럼 구박한 거는 아니냐"고 말하는데 숨이 턱 막히더라고요. 저는 나름대로 최선을 다 했거든요.

결국 올해 초에 사달이 나고 말았어요. 우리 가족 모두 코로나에 걸려 집에서 함께 지내게 된 거예요. 문제의 그 날, 여지없이 남편은 아이들에게 시비를 걸었고 큰아들이 남편에게 소리를 지르고 대들었어요. 남편은 큰아들의 따귀를 때려버렸고, 작은아들은 바로 112에 아동 학대로 신고를 했어요. 격리가 끝난 후 남편은 경찰서로 가서 조사를 받았고요. 남편과 아들 모두 잘못을 빌었기 때문에 상황이 더 커지지 않고 종결됐지만, 그날 우리 가족은 건널 수 없는 강을 건너고 말았다는 생각이 들어요.

저는 두 번째 결혼이니만큼 정말 잘 살고 싶었어요. 최근에는 식당도 다시 살아나고, 남편의 짜증도 줄어들고 있어요. 하지만 제 아들들은 이미 마음이 닫혀 6개월 동안 남편과 대화를 하지 않고 있어요. 큰딸도 저를 피해 다니고요. 저는 어떻게 해야 할까요? 또 이혼해야 할까요? 제가 무슨 잘못을 해서 또 이런 상황이 되었을까요?

민선 씨는 사랑하는 가족들을 위해서 10년간 최선을 다했다. 민선 씨의 노력과 다르게 답답한 상황들이 반복되니 얼마나 속상했을까. 재혼 가정의 성공 여부는 자녀들의 적응 여부에 달려 있다고 해도 과언이 아니다. 그런데 세 아이 모두 부적응 문제를 보이고 있으며 힘이 되어주어야 하는 남편은 도리어 원인을 제공하고 있으니, 가운데에 낀 민선 씨만 외롭고 막막할 수밖에 없다. 다시 벼랑 끝에 선 심정이었을 것이다. 그러나 이 가족은 회복될 가능성이 크기에 한 번 더 힘을 내기를 권하고 싶다. 내가 이 가족의 미래를 긍정적으로 생각하는 이유는 다음과 같다.

첫 번째, 이 가정의 갈등 원인은 '시간'이 해결해 줄 수 있는 문제로 보인다. 우선 코로나19로 인한 정신적·경제적 스트레스가 불화의 도화선이 되었는데, 코로나19는 영원히 지속되지 않는다. 아이들의 사춘기 문제도 마찬가지다. 사춘기 아이들은 절망스러울 정도로 과격한 말투와 행동을 보이지만, 시간이 지나며 본래의 모습으로 돌아오는 경우가 대부분이다. 원인이 확실한 병은 원인이 제거되면 증상도 함께 사라진다고 볼 수 있다.

두 번째, 해당 가정이 화목했던 기간이 10년이나 된다. 10년이라는 기간은 양육에 있어서 결정적 시기Critical Period*를

* 결정적 시기란, 아동이 어떤 특정한 적응 행동을 습득하기 위해 생물학적으로 준비가 되고, 그를 위한 적절한 환경이 제공되어야 하는 시기를 말한다. 결정적 시기 중에서도 가장 중요한 시기는 18개월까지의 '애착 형성 시기'로 여겨진다. 그러나 발달이 폭발적으로 이루어지는 13세까지는 대부분 결정적 시기라고 볼 수 있다.

포함하고 있다. 아이들의 건강한 심리 구성에 가장 중요한 시기는 13세까지인데, 4명의 아이 모두 이 시기에 안정과 평화를 경험했고, 단란하고 행복한 기억들이 많았다. 친부모와 헤어지는 아픔이 있었지만, 화목한 새 가정 덕분에 과거의 아픔에 머무르지 않았던 것으로 보인다.

좋은 추억을 많이 가지고 있는 가정은 감정의 잔고가 충분한 가족이다. 통장을 생각하면 이해가 쉬울 듯하다. 통장에 저금을 많이 해놓으면 경제적 어려움이 닥쳤을 때 모아둔 돈을 꺼내 사용할 수 있듯, 감정의 잔고가 많은 가정은 위기의 순간이 와도 행복했던 순간들을 꺼내 그 위기를 이겨나갈 수 있다. 10년간 좋은 엄마와 아내로 헌신해 온 민선 씨의 노력은 절대로 헛되지 않았다.

다시 행복해지기 위해 가장 중요한 요소는 부부의 합심과 노력이다. 여기서 노력이란 부부 상담, 부모 교육, 가족 집단 상담 등의 적극적인 행동들을 포함하고 있다. 먼저 사춘기 아이들의 육체적·정신적 상태를 알아두면 좋다.

사춘기 아이들은 정서와 신체가 급변하는 시기를 겪는다. 키, 몸무게, 생식기, 골격 등 육체적 변화는 물론이고 호르몬과 뇌의 변화도 크다. 사춘기 무렵 여자아이들에게 에스

트로겐Estrogen, 남자아이들에게는 안드로겐Androgen이라는 성호르몬이 분비되기 시작하는데, 이 호르몬으로 인해서 아이들이 예민해지게 된다. 남자아이들은 물론이고 여자아이들에게서도 나오는 테스토스테론Testosterone 호르몬은 아이들을 공격적으로 만든다. 쾌락 호르몬이라고 불리는 도파민Dopamine도 증가하는데 쾌락 호르몬 분비가 많아지면 무분별하고 모험적인 선택을 하게 된다.

청소년기의 뇌는 완성되지 않은 상태다. 특히 이성적이고 합리적인 판단을 담당하는 전두엽이 완성되어 있지 않기에 자기 절제나 억제 능력이 부족하고, 충동적인 행동이 잦다. 뇌 과학자들은 청소년의 전전두엽(전두엽의 앞부분으로 감정을 억제하는 일을 주로 맡는다)의 회색질이 극적으로 두꺼워졌다가 얇아지는 현상을 발견하기도 했다. 전전두엽이 팽창할 때 청소년은 어린아이보다 더 무모한 행동을 하기도 하고, 충동을 제어하지 못할 수도 있다. 사춘기를 지나며 점차적으로 뇌를 조절하고 억압하는 기능이 안정되면, 판단·예측·계획과 같은 통합적인 조절 기능을 획득하게 된다. 부모는 청소년들의 행동에 화를 내고 경악하기 전에 청소년기의 발달 특성을 파악하고 아이의 상태에 관심을 보여야 한다.

아버지는 아이들에게 폭력을 쓴 것에 대해서는 정식으로 사과하고 다음 단계로 넘어가야 한다. 슬쩍 넘어가서는 절대 문제가 해결될 수 없다. 가정에서 폭력을 경험한 아이들의 마음속에는 그 기억이 또렷이 남아 있다. 단 한 번이었다고 해도 마찬가지다. 한 번 성공한 폭력은 언제든지 반복될 수 있음을 명심해야 한다. 폭력을 경험하면서 성장한 경우, 낮은 자존감 문제와 더불어 타인에게 폭력을 사용할 확률이 높아진다. 자녀에게 감정적 폭력을 행사한 부모는 자녀들이 용서하지 않는 한 아이들의 기억에서는 가해자로 남게 된다는 사실도 유념해야 한다.

마지막으로 큰딸의 외로움과 소외감 문제가 있다. 이 사례는 부자 갈등에 초점이 맞추어졌지만, 첫째 딸 역시 심리적 상처가 깊어 보인다. 대부분은 어머니가 아버지보다 훨씬 많은 시간을 집에서 아이들과 지내기 때문에 심리적으로 더 많은 역동을 주고받는다. 따라서 첫째 딸의 심리적 고통에 대한 책임에서 민선 씨도 자유로워질 수 없다. 이 가족의 다이내믹을 보면 첫째 딸이 마음의 아픔이 가장 클 것으로 사료된다. 아들들은 같은 편인 형제가 있고 어머니도 늘 곁에 있지만, 딸은 오로지 혼자다. 반항하고 소리치는 행동 표현이 못되고 성격이 강해서 그렇다고 해석한다면 민선 씨는 엄마로서 공감력이 매우 부족한 상태다.

청소년 아이들은 전두엽 연결이 완성되지 않았기 때문에 자신의 감정을 명확하게 파악하지 못하는 경우가 많다. 그러므로 두려움을 분노로 인식하기도 하고, 슬픔을 화로 표출하기도 한다. 부모가 자신에게 관심이 없으니 집을 나가고 싶다는 첫째 딸의 말은 건방진 반항이 아니라 애정을 갈구하는 절규로 해석해야 한다. 아버지가 아들들에게 사과해야 하는 것과 마찬가지로 어머니 역시 딸에게 사과하고 딸의 외롭고 슬픈 마음을 품어주어야 한다.

재혼 가정의 가장 큰 갈등과 불화의 원인은 배우자 자녀를 차별하는 문제에 있다. 자신이 낳은 자녀를 본능적으로 더 사랑하게 되는 속내까지 탓할 수는 없지만, 재혼 가정에서는 배우자의 자녀에게 더 많은 관심과 노력을 쏟는 것이 해당 가정의 행복과 성공과 직결됨을 잊지 말아야 한다. 막내딸 역시 가족의 복잡한 역동 속에서 혼란스러움을 느끼거나, 불안감을 가질 수 있으므로 민감하게 살펴보고 도와줄 필요가 있다. 가족 구성원끼리 갈등이 있는 상황에서는 막내딸이 느낄 불안도 부모의 숙제가 된다.

코로나19 팬데믹 기간에 세계적으로 이혼율이 증가했으나 반대로 우리나라는 감소했다. 집에서 보내는 시간이 부족했던 가장들이 가족과 많은 시간을 함께하면서 갈등이 줄어든 것으로 보인다. 하지만 이 시기에 가정 폭력 및 가족 학대 발생률은 우리나라를 포함해 전 세계적으로 증가했다는 통계도 눈여겨볼 필요가 있다.

무릎 꿇게 만든 두 사람이 밉겠지만 그들은 '환자'입니다

지난주에도 시어머니를 찾아가 무릎을 꿇었습니다. 시어머니는 저를 투명 인간 취급했고, 남편은 저에게 이혼하자더군요. 무슨 1970년대 신파극 같죠? 저도 참 독해요. 나 싫다고 나가달라는 사람들과 3년째 이런 전쟁을 벌이고 있으니까요.

남편은 소개팅으로 만났어요. 준수한 외모에 유머러스한 사람이었어요. 사업체를 성공적으로 운영하고 있었고, 시아버지가 남긴 재산도 상당했어요. 이런 완벽한 조건의 남자가 제게 적극적이니 마다할 이유가 없었어요. 엄마는 제 결혼을 좋아했고 주위에 자랑도 많이 했어요. 주변 어르신들은 "주연이가 어려서부터 예쁘고 얌전하더니 시집을 잘 가는구나!" 칭찬이 자자했죠.

이 모든 게 한여름 밤의 꿈임을 깨닫는 데까진 그리 오랜 시간이 걸리지 않았어요. 신혼여행을 다녀온 다음 날 시댁에 인사를 갔더니, 시어머니가 반겨주기는커녕 제가 하는 것마다 꼬투리를 잡아 화를 냈어요. 제가 사 온 선물은 구석에 대충 처박아 뒀고요. 아무리 잘 풀어보려고 해도 안 됐어요. 남편에게 이유를 물어보면 "네가 예민한 거야"라며 대화를 회피하더군요. 그러다가 제가 큰 충격을 받은 사건이 일어났어요. 남편이 시댁에서 샤워를 하고 나온 적이 있었는데 문 앞에서 수건을 들고 기다리고 있던 시어머니가 남편 엉덩이를 두드리며 "내 새끼는 엄마 거지"라고 하는 거예요.

도저히 못 참고 대들었어요. "이제 저희가 결혼했으니 제 남편은 제가 챙길게요. 저이를 그만 붙들고 계셔요"라고요. 시어머니가 거의 쓰러질 정도로 화를 내다가 대성통곡을 했어요. 그날 이후로 남편은 제게 차가워졌어요. 지옥이 시작됐죠. 남편이 어머니 앞에서 무릎을 꿇으라고 하더라고요. 그림이 그려지세요? 시어머니와 남편은 소파에 앉아 있고 저 혼자 바닥에 무릎 꿇고 있는 모습. 그 후로 이런 상황이 계속 반복됐어요. 그래도 시어머니는 끝내 제게 마음을 열지 않으셨어요.

그러던 어느 날 남편이 이혼하자고 하더라고요. 그날 저는 드디어 이해할 수 없는 상황의 진짜 이유를 알게 됐어요. 이 결혼은 처음부터 잘못된 거였어요. 시아버지는 남편이 중학교 때 스스로 극단적인 선택을 했다고 해요. 그 모습을 어머님과 남편이 함께 목격했고요. 이후로 시어머니는 심각한 우울증에 빠졌는데, 외아들에게 몰두하면서 간신히 삶의 끈을 잡으셨대요. 남편은 아버지가 우울증으로 세상을 떠난 마당에 어머니까지 우울증으로 자신을 떠날까 봐 늘 불안하고 두려웠고요.

어릴 때부터 남편에게 결혼이란 자신을 도와 엄마를 지켜줄 가족 구성원을 찾는 것이었대요. 저와 소개팅을 하고 난 뒤 제 SNS를 봤는데, 거기 저희 아빠 발인하는 날 사진이 있었던 거예요. 아빠는 암 투병을 하다가 몇 년 전 세상을 떠나셨어요. 저와 언니가 엄마를 안아드린 사진과 동영상이 제 SNS에 있어요. 남편은 그 사진과 영상을 보면서

'이 여자다'라는 확신이 들었대요. '이 여자라면 우리 엄마도 위로해 주겠구나' 하고요.

그런데 결혼하고 나니 본인 예상과 달리, 시어머니가 더 괴로워하니 자신은 저와 더 이상 살 수 없다는 거예요. 상상도 못 했던 말을 듣고 나니 하늘이 무너지는 것 같았어요. 저는 받아들일 수 없었어요. 친정 엄마 가슴에 대못을 박을 수도 없었고, 이혼녀가 되기도 싫었어요. 사실 남편이 싫지도 않아요. 그는 다정하고 유능한 사람이에요. 어머니 문제만 아니면 저와 살고 싶다는 말도 했어요. 그러니 제가 할 수 있는 일이 무릎을 꿇다가 오는 것밖에 없는 거예요. 시어머니가 자신의 아들을 절대로 제게 보내주지도, 나눠주지도 않을 텐데요. 저는 어떻게 해야 하나요? 이제 정말 짙은 우울증의 그림자 속으로 걸어가고 있는 것 같아요.

주연 씨가 가진 고통의 원인은 표면적으로는 고부 갈등으로 인한 부부 관계 문제다. 그러나 더 본질적이고 이면적인 원인은 '자살 유가족' 문제로 보인다. 남편과 시어머니는 주연 씨에게 상처를 주고 있는 사람들이지만, 가장의 자살로 인해 심각한 내상을 입은 자살 유가족이기도 하다.

가족 중 누군가가 자살을 하면 남은 가족이 입는 타격이 말로 표현할 수 없을 정도로 크다. 일종의 내적 화상과 같다. 주연 씨 사례를 보면 이 모자는 내적 화상이 특히 심했던 것으로 보인다. 예상할 수 없었던 40대 젊은 가장의 죽음을 겪었고, 그 죽음의 현장을 두 사람이 같이 목격한 뒤에 둘이서만 살아내야 했기 때문이다.

시아버지의 죽음 이후 시어머니는 극심한 우울증을 겪었다. 가족의 자살을 목격하거나, 죽음 직후의 모습을 봤거나, 사건이 일어난 공간에서 생활해야 하는 유가족은 우울증을 넘어 심각한 외상 후 스트레스 장애(PTSD)를 앓는 경우가 많다. 자살 유가족은 일반인의 6배 이상 자살 확률이 높다. 어머니마저 극단적 선택을 할까 봐 두려웠다는 주연 씨 남편의 말은 사실일 것이다.

그렇다고 주연 씨가 고통을 감내해야 한다는 의미는 아니다. 현재 주연 씨의 다소 소극적이고 포기에 가까운 태도는 본인을 위해서나, 남편이나 시어머니를 위해서나 별다른 도움이 되지 않는다. 하지만 상황을 개선하기 위한 가장 중요한 변화는 주연 씨나 시어머니의 개선보다 남편이 이 상황을 객관적으로 보는 것이다. 남편은 유능한 사람이므로 지금에라도 객관적인 시각을 가질 수 있다. 아픔과 두려움에서 야기된 그의 비정상적인 선택들로 인해 아내와 어머니 그리고 본인마저도 더한 고통 속으로 빠져들고 있음을 인지해야 한다. 주연 씨의 남편은 아버지의 죽음 이후 치유의 과정을 한 차례도 겪은 적이 없었다. 그래서 똑똑한 사람임에도 불구하고 이 문제에 대해서는 올바른 판단을 하지 못하고 있는 것으로 보인다. 그가 먼저 치유되고 상황을 제대로 인지해 바로잡아야 하는 이유이다. 더 좋은 선택지가 있음을 알면 바뀔 수 있고 바꿀 수도 있다. 따라서 가장 시급하게 시행할 행동은 가족 문제에 대한 부부의 진솔한 대화라고 할 수 있다.

주연 씨는 가족 관계를 유지하는 동시에 갈등을 해소하고 싶어 한다. 그렇다면 시어머니에 대해서는 순종이나 반항보다 위로가 더 효과적일 것이다. 순종이나 반항은 소용없을 테고, 시어머니가 그녀에게 원하는 형태도 아니다. 쉽지 않겠지만 주연 씨가 시어머니의 아픔을 이해하고 있음을 깨닫는다면, 꾹 닫힌 듯 보였던 마음의 빗장이 조금씩 열릴 수도 있다. 사실 시어머니는 누구보다도 위로가 필요했던 사람이다.

남편과 진실된 대화를 하려 노력하고, 시어머니의 오랜 상처를 위로하기 위해 최선을 다했는데도 두 사람이 받아들이지 않는다면 더욱 마음을 단단히 먹어야 한다. 노력으로도 변화가 없을 시에는 그곳에서 빠져나오는 게 최선일 수도 있다. 개선 불가능한 상황에서 마냥 희생자가 되어서는 안 된다. 이 경우에는 남편과 시어머니에 대한 연민의 마음은 접고, 냉정하게 대처해야 한다. 때에 따라서는 친정 식구나 법률 전문가의 도움을 받아야 할 수도 있다. 자신이 아프다고 죄 없는 사람을 상처 입힐 권리는 없다는 사실을 그들이 깨달아야 한다.

지금은 무릎 꿇고 있을 때가 아니라 강해져야 하는 시간이다. 자신의 인생을 타인들의 결정에만 맡기고 있는 자세는 지나치게 수동적이다. 부디 용기 내기를 바란다.

자살 공화국 대한민국, 비보가 끊이지 않는 이유

대한민국에는 자살 공화국이라는 오명이 붙어 있다. 2003

년 이후 경제협력개발기구(OECD) 국가 중 거의 매년 자살 1위 국가인 것을 보면 때 변명의 여지가 없다. 통계에 의하면 지난 몇 년간 한 해 자살 사망자가 무려 1만 5,000명가량이다. 자살 사망자 1명에 대해 5~10명의 자살 유가족이 생긴다고 가정할 때 그 규모는 최소 7만 5,000명 이상이다. 2021년에 발생한 자살자는 1만 3,352명이었고, 유가족의 수는 8만 112명에서 13만 3,520명에 달한다. 또한 지난 10년간 누적된 자살 유가족은 130만 명에 이른다고 추산된다. 자살 유가족이 느끼는 슬픔, 후회, 죄책감, 고통은 굉장히 위험하고 심각한 수준이다.

자살 유가족들은 유가족 이전에 생존자라고도 불린다. 1명이 자살하면 주위 5~10명에게 자살 충동을 불어넣는다는 세계보건기구의 연구 결과에 비추어 본다면, 우리나라의 경우 하루에 대략 40명이 자살하므로 매일 200~400명에게 자살 충동이 유도되는 셈이다. 이런 심각한 상황에서 자살 유가족 문제를 당사자만의 문제로 외면해서는 안 된다. 자살 유가족의 아픔은 겉으로 드러나거나 표현되지 않는다. 그러나 많은 자살 유가족이 상실감으로 인한 깊은 우울 상태에 빠져 있음을 인지하고 자살 충동을 느끼는 자살 유가족은 24시간이 위태롭다고 생각해 대처해야 한다. 누군가가 자의로 생을 마감했을 때 가족 내부의 문제로만 두는 현재의 방식으로는, 전 세계적으로 비난을 받는 우리 사회의 심각한 자살 문제를 해결할 수 없다. 물론 당사자들도 정신적인 회복에 힘쓰고, 최선을 다해 현실성을 되찾아야 한다. 하지만 그보다 먼저 국민의 자살 문제를 숨기고 덮기 급급한 우리 사회의 모습에서 벗어나 정부, 시민 사회, 당사자 모두가 함께 적극적으로 풀어가는 범사회적 노력과 대처가 요구된다. 사회적인 노력이 행해지지 않을 때 자살 유가족의 비보는 중단되지 않을 것이며, 주연 씨 같은 2차 피해자도 늘어날 것이다. 죽음의 기운이 번진다면 생의 기운도 번질 수 있지 않을까.

부자 갈등,
다름을 인정하세요

아버지 김민식

오늘 마음을 단단히 먹고 왔어요. 내가 30년을 회사에서 일하는 동안 개인적인 일 본다고 단 하루라도 땡땡이친 일이 없소. 내가 지방이기는 해도 큰 기업 계열사 대표예요. 그런데 얼마나 답답하면 KTX를 타고 서울까지 왔겠습니까? 아들이라고는 저 녀석 하나이고 나이 마흔 넘어서 얻은 자식이라 얼마나 기대했는지 몰라요.

내가 밤낮없이 일하는 이유도 저 녀석 때문이에요. 그런데 요즘 재를 보면 아주 속에서 열불이 나고 잠이 안 와요.

애 엄마가 사춘기라 예민한 거니까 그냥 놔두라고 해서 내가 거의 2년을 참았어요. 누구를 닮아서 저렇게 소심하고, 말도 없고, 부끄러워하고, 겁도 많은지 모르겠소. 꿈도, 야망도 없어요. 친구도, 사회생활도 없어요. 그렇다고 반항하거나 대들지도 않아요. 그냥 꿈틀거리는 지렁이 같아요. 움직이기는 하는데 살아 있는 건지 죽은 건지도 잘 모르겠고, 흙 같기도, 나무 열매 같기도 한 희끄무레한 존재입니다.

아들이 초등학교 저학년일 때는 '아직은 어리지' 싶어서 그냥 예쁘다 해줬고, 6학년 때인가 '사내자식이 저리 살다가는 바보 된다'는 생각에 내가 먼 동네에 데리고 가서 버리고 온 적도 있어요. 진짜 버린 건 아니고 혼자서 집에 씩씩하게 찾아와 보라고 차비도 안 주고 놓고 온 겁니다.

딱 한 번 때렸습니다. "너는 열심히 하는 게 도대체 뭐야!"라고 소리쳤더니 "아빠처럼만 안 되면 제 인생은 성공이니까 나한테 제발 말 좀 걸지 마세요"라고 대꾸하길래 귀싸대기를 때렸어요. 나중에 후회하기는 했지만 그랬어요. 이 세상이 얼마나 정글입니까? 호랑이가 돼도 살기 어려운데 저런 고양이, 아니 고양이 새끼처럼 살다가는 무시당하기만 하고 결국 사회에서 자리는 없다고요. 지렁이는 사람들 구둣발에 순식간에 밟혀 죽어요. 흙가루가 돼요. 제 말이 틀립니까?

아무튼 내가 오늘 정말로 힘들게 온 거니까 저 애를 어떻게 해야 고칠 수 있는지 꼭 알아야겠어요. 나도, 아내도 저런 맥 빠진 성격은 아니에요. 내가 그래도 어디서나 인정받는 사람이고, 아내도 싹싹하니 붙임성 좋은 사람이에요. 도대체 내 자식이 저렇게 나약하고, 한심한 이유를 알아봐주세요. 솔직히 말해서 유전자 검사라도 해봐야 하나 생각한 적도 있어요. 답답해 미치겠습니다.

아들 김지용

아빠가 저보고 정신병자래요. 맘대로 생각하세요. 신경 안 써요. 어차피 답답한 부모님에게 기대하는 거 없어요. 아빠는 전형적인 꼰대죠. 그냥 제가 전교생 앞에 나서서 회장하고, 상장 타고, 대장 노릇을 해야 만족하는 거예요. 언제 적 '싸나이 철학'이에요? 지겨워요, 진짜.

저 꿈 있거든요. 공부도 꽤 잘하거든요. 제 꿈은 인 서울 대학에 가는 거예요. 스카이(서울·고려·연세대학교)는 힘들어도 서성한(서강·성균관·한양대학교)은 갈 수 있을 거라고 생각해요. 꼭 서울로 가야 해요. 그래야 집에서 나올 수 있잖아요. 오늘도 서울이라고 해서 순순히 따라 나온 거예요. 상담소가 연세대 근처죠?
졸업하고는 컴퓨터 엔지니어가 돼서 외국 기업에 취업하는 게 목표예요. 되도록 한국 땅에서 멀리멀리 떠나고 싶어요. 친구도 많이 필요 없어요. 그냥 저랑 마음 맞는 한두 명이면 충분하거든요. 근데 아버지는 진짜 친구는 하나도 없으면서 맨날 "사내는 사람들의 마음을 휘어잡아야 하고, 감명을 줘야 하고" 어쩌고저쩌고 타령이에요.
지금은 아빠가 회사 사장이니까 다들 아빠한테 굽신거리지만 환갑만 지나도 찾아오는 후배나 친구가 하나도 없을걸요? 나이 들어서 아빠가 외롭나 제가 외롭나 내기하자고 말할까 하다가 또 열받을까 봐 참았어요. 학교 선생님들도 저 좋아하고, 친구들도 좋아하는데, 아빠만 저를 문제아라고 해요. 어쩌라구요! 전 포기했어요.

우선 지용이의 심리 검사 결과부터 설명하도록 하겠다.

검사 결과 지용이는 지극히 정상인 아이였다. 물론 아직은 사춘기 청소년이기 때문에 말투가 예쁘지 않고, 부모님에 대한 반항심이 있었다. 지용이 아버지가 언급한 둔감성과 소심함의 문제도 보였다. 하지만 MMPI-2(미네소타 다면적 인성 검사) 검사 결과, 심각한 수준의 정서적인 문제는 전혀 없었으며 사회성도 떨어지지 않았다. WAIS(웩슬러 지능검사 결과)는 125점이니 머리도 상당히 좋은 아이였다.

민식 씨가 지용이 문제의 원인을 반드시 알아가야 한다고 강조했기에 신뢰도와 타당도가 높은 6개의 심리 검사를 진행했다. 신뢰할 수 있는 여러 개의 검사를 진행하고 교차적으로 살펴봤다는 것은 본 심리 검사와 해석이 믿을 수 있음을 의미한다. 그 결과, 지용이는 정서와 지능 및 사회성에서 모든 면이 정상 수치에 있는 아이였다.

민식 씨의 질문에 통찰을 줄 수 있는 심리 검사는 오히려 보조 검사로 시행한 MBTI 검사 결과에서 나타났다. 이 검사는 심각한 정신 문제를 알아내려고 시행하는 검사가 아니라 타고난 성격의 선호도를 알아보는 '성격 검사'다. MBTI 검사는 근래에 워낙 인기가 많아져서 맹신하는 경향을 우려하는 이들이 많지만, 전문가가 적절하게 사용한다면 꽤 유용한 검사다. 가장 유용한 측면은 사람들 사이의 '차이'와 '다름'을 인지하게 한다는 것이다. 지용이와 민식 씨의 성격 검사 결과를 보면 민식 씨는 외향성(E) 척도의 점수와 판단형(J) 척도의 점수가 매우 높게 나타났다. 반면 지용이는 내향성(I) 척도의 점수와 인식형(P) 척도의 점수가 매우 높았다. 4가지 선호 척도 중 2가지에서 정반대 성향이 분명하니 서로를 이해하지 못하고 있는 것도 무리가 아니었다.

E(외향성·Extraversion)와 I(내향성·Introversion)는 에너지 방향에 따라 달라진다. 외향적인 사람들은 외부 세계의 사람이나 사물에 에너지를 사용하고, 내향적인 사람들은 내부 세계의 개념이나 아이디어에 에너지를 사용한다. 따라서 외향성이 매우 매우 높은 아버지는 조용한 아들이 지나치게 힘이 없고 소심하고 나약하다고 느끼는 반면, 내향성이 매우 높은 아들은 아버지의 거친 말투와 행동이 부담스럽고 힘들며 불편했을 것이다.

J(판단형·Judging)과 P(인식형·Perceiving)은 생활 양식에 따라 달라진다. 판단형 사람들은 외부 세계를 빠르게 판단 및 결정하려 하고, 인식형의 사람들은 정보 자체에 관심이 많고 새로운 변화에 유연히 적응한다. 판단형 민식 씨는 매사에 계

획을 세우고 정해진 일정에 맞추어 생활해 나갔을 것이고, 인식형 지용이는 결정을 보류하면서 정보를 수집하고 자유로움 속에서 마지막 순간에 집중해서 일을 끝냈을 것이다.

지용이는 '아버지와 나와는 매우 다르다'라는 생각을 자주 했지만, 권위적인 아버지와 대화를 하는 것 자체가 싫으니 대면을 피해왔고, 그러다 보니 민식 씨는 더 화나고 속이 터지는 악순환의 상태였다.

두 사람의 문제에서 어느 한 사람이 바뀌기보다는 서로 간의 소통이 중요했다. 민식 씨와의 대화에서 가장 많이 들은 단어는 '내가'였다. 지용이 문제로 상담하러 왔지만 대부분의 문장이 '내가'로 시작해서 '내가'로 끝냈다. 기성세대는 자주 자신의 시각에서만 타인을 바라보고, 말하고, 가르치는 경우가 많다. 부모 세대는 자식을 사랑하고 아끼는 관심의 표현으로 건넸겠지만 아이들은 이런 몇 번의 대화로 귀를 닫는다. 결국 이런 방식으로는 아이들과의 소통이 불가능하다.

물론 지용의 아버지가 이 정글 같은 세상에서 얼마나 노력하고, 최선을 다해 살았는지 알고 있다. 그 노력의 대가로 지용이의 안락한 생활이 가능했던 것이고, 자식에게는 자신이 걸어온 험난한 길을 걷게 하고 싶지 않은 애틋한 마음이었음은 분명하다. 이는 지용이도 잘 알고 있었다. 하지만 사랑이 커도 표현하는 방법을 모르면 제대로 된 소통 없이 불안만 남는다. 부모가 불안하면 문제를 차분하게 살펴볼 수 있는 심적 여유가 없어지니 아이들에게 화를 내거나 윽박지르게 된다. 지용이와 민식 씨에게 가장 필요한 것은 소통인데, 소통에 성공하기 위해서는 우선 서로의 다름을 받아들여야 한다. 서로 다를 뿐 틀린 건 아니다.

심각해지는 세대 갈등, 이해 대신 오해했기 때문

세대 갈등은 동서고금을 막론하고 항상 존재했던 현상이다. 그런데 정보 사회의 진전으로 사회 변동 속도가 빨라지면서 오늘날 세대 간 거리와 이해가 더욱 멀어지고 있다. 우리나라 세대 갈등에서는 가치관 차이 영향이 크다. 기성세대는 대체로 보이는 것을 중시하는 '물질주의적 가치'에 기울어져 있지만, 청년 세대는 대체로 의미를 중시하는 '탈물질주의적 가치'를 선호한다. 또한 기성세대는 '함께', '힘을 모아'와 같은 협력을 중시하는 사회적 분위기였다면, 지금의 10대는 '나답게', '각자 개성대로'와 같은 개인주의 성향이 매우 강하다. 이런 기본적인 차이가 있는 상태이니 기성세대는 10대들을 이해하기 어렵고, 10대들은 어른들의 발언을 불편하게 느끼는 것이 어찌 보면 당연하다.

삶에 명확한 정답은 없다. 물질과 의미 둘 다 중요하다는 사실도, 공동체와 개인이 모두 중시되어야 함도 당연하다. 서로 다르다면 해법은 역시 꾸준한 소통밖에 없다. 소통이 제대로 이루어지기 위해선 상대의 의견에 귀 기울이고, 서로에게 공감하려 노력해야 한다. 역지사지易地思之가 필요할 때다. 입장을 바꾸어 생각하면 상대를 이해할 수 있다. 사랑만 하기에도 젊은 세대와 부모 세대가 함께할 수 있는 시간은 그리 많지 않다.

꿈이 없다는 아이,
어떻게 하면 좋을까요

저희 아이는 초등학교 때 전교 부회장이었어요. 친구도 많고, 운동도 잘하고, 교내 교향악단 첼로 연주자이기도 했어요. 앵커도 되고 싶고, 변호사도 되고 싶은 꿈 많던 소녀였죠. 그런데 애가 중학교에 가더니 완전 다른 애로 변했어요. 말로만 듣던 '중딩병'이 무섭게 오더라고요. 점점 짜증이 늘더니, 요즘에는 제 질문에 대답조차 하지 않아요. 이제 곧 고등학생이 되니 공부 스트레스가 심하고, 마음도 불안하고 힘든 것은 알아요. 그런데 무슨 말을 해도 "아, 몰라", "아, 짜증 나"라고만 하고, "엄마도 싫어"라는 얘기도 몇 번 하더라고요. 아주 제 속이 뭉개지죠.

며칠 전, 기가 막히는 일이 있었어요. 제가 아이와 친구 넷을 함께 밥 먹이고 학원에 데려다주는 날이었어요. 엄마들이 번갈아 가면서 당번을 하거든요. 저희 딸을 비롯한 다섯 명 다 중상위권 성적은 되는 애들이에요. 저녁을 먹이면서 넌지시 "너희는 꿈이 뭐니? 뭐가 되고 싶어?"라고 물었어요. 가벼운 척 질문을 던졌지만 매일 아이와 전쟁을 벌이고 있는 저로서는 궁금하던 거였어요. 그런데 애들이 거의 동시에 "모르겠어요", "어렵다", "전 꿈 없어요"라고 말하더라고요. 한 명만 "웹툰 작가요"라고 하더군요. 저희 애는 짜증 나는 얼굴로 저를 바라보고 있었고요. 듣고 나니 말문이 막혔죠, 뭐.

애들이 하루 종일 학교에서 공부하고, 학교 끝나면 학원 가서 밤늦게까지 또 공부를 하고, 주말에도 학원에 가요. 자기네들끼리 샘도 많고 경쟁심도 많아요. 그런데 이런 애들이 꿈은 없다니요? 그럼 애들은 도대체 왜 울며불며 공부를 하고, 경쟁하는 걸까요? 드라마 <스카이 캐슬>을 보면 애들이 서로 시기하고 경쟁하지만, 그 애들은 적어도 확실한 꿈이 있으니까 그 난리 치는 게 이해가 되잖아요.

저희 아이들은 저런 대답을 해놓고 서로 킥킥대다가 시간이 되니까 늦었다고 학원으로 가더라고요.

이날 이후 생각이 많아졌어요. 저도 저희 아이가 좋은 대학에 들어가기를 바라지만, 그렇다고 이렇게 애를 영혼 없는 기계처럼 키워서는 안 되지 않나 하는 생각이 들어요. 저만 이런 상황을 비인간적이고 비현실적으로 느끼는 걸까요? 요즘 아이들 다 이런가요? 이렇게 놓아둬도 되는 건가요? 이제 고등학교 입시생인데 이런 문제로 고민하는 제가 배부른 소리를 하는 걸까요?

아이가 어리면 어린 대로, 크면 큰 대로 자식에 대한 어머니의 사랑에는 마침표가 없다. 상담의 현장에서도 자식에 관한 어머니들의 애끓는 고민을 자주 듣는다. 특히 사춘기에 들어선 아이를 키우는 어머니들은 갑자기 바뀌는 아이들을 어떻게 양육해야 하는지 갈피를 잡지 못해 당황하고 힘들어한다. 가족 관계, 교우 관계, 정서 문제, 학습 문제 모든 것이 버겁기만 하다.

내담자인 수희 씨처럼 어머니들의 고민은 청소년들을 만

나는 상담사들의 고민이기도 하다. 요즘 아이들은 우리 때보다 더 치열하게 살고 있다. 참으로 안쓰러운 상황이다. 수희 씨의 딸과 친구들처럼 꿈에 대한 질문을 받으면 꿈이 없다고 이야기하는 청소년이 많고, 대답 자체를 못 하는 경우도 흔하며, 딱히 꿈은 모르겠고 그냥 부자가 되거나 유명해지고 싶다고 말하는 아이들이 부지기수다. 이런 이야기를 듣다 보면 근본적인 삶의 동기 없이 하루하루 힘들어만 하는 청소년들을 어떻게 도와줘야 할지 안타까워진다.

그런데 요즘 아이들은 왜 이렇게 꿈도 없고 주도성도 없을까? 먼저, 그들이 너무 지쳐 있음을 주목할 필요가 있다. 요즘 아이들은 초등학생 때부터 대학 입시를 향해 달린다. 사실 유치원 때부터인 경우도 많다. 어른들도 어떤 일을 할 때 몇 년 이상으로 넘어가면 소진되고 지치는데 아직 어리기만 한 아이들이 10년 이상을 쫓기듯 달리니 의욕과 의지가 남아 있다면 그것이 더 신기한 일이 아닐까 싶다. 어른들도 소진되어 있을 때 누군가가 "당신의 꿈은 무엇인가요?"라고 물으면 짜증만 나지 않나?

아이들이 학교도 정상적으로 가고 공부도 하니 문제없이 잘 지내고 있다고 생각한다면 오산이다. 최근 청소년의 우울증 비율이 가파르게 증가하고 있다. 청소년 우울증은 어른들의 우울증과는 다르다. '가면 우울증Masked Depression'이라고 불리기도 하는데, 주된 증상은 무기력이다. 의욕이 없어지고, 꿈이 없어지고, 원하는 것도 없어진다. 적절한 치료가 어려운 까닭은 어른과 달리 우울한 감정을 드러내지 않고 반항적으로 행동하거나 싸움을 하는 등 비행 행동을 일삼아서다.

무기력감이란 열심히 하고 싶어 노력해도 도저히 안 된다는 한계를 알게 될 때 느끼는 감정이다. 해도 해도 끝이 보이지 않는 공부, 아무리 노력해도 이길 수 없는 상위권 친구들, 공감해 주지 않고 몰아만 붙이는 어른들. 꿈을 잃은 아이들은 아마도 여러 번의 좌절이나 절망 끝에 그리되었을 것이다.

그렇다면 소진된 아이들이 왜 그렇게 공부를 열심히 할까? 이미 오랫동안 훈련된 상태이기 때문이다. 습관화된 것이다. 그냥 친구들이 하니까 본인도 하는 거라고 볼 수 있다. 다들 달리는데 혼자 멈추어 있을 수 없어서 내달린다.

부모에 대한 사랑도 또 하나의 요인이다. 아이들은 어른들이 생각하는 것보다 부모를 소중히 여긴다. 공부를 잘하고, 좋은 대학에 가는 것이 자신이 부모님을 행복하게 해줄 수 있는 유일한 길이라고 생각하는 경우가 많다. 그래서 어떻게든 부모님이 원하는 공부를 잘해보려 노력한다. 그러나 이 경우 자발적 동기가 아니니 결국 아이들은 행복할 수 없다.

스마트폰도 청소년들에게 부정적 상황을 부추긴다. 스마트폰 속의 세상은 화려하고 예쁜 것들로 가득하다. '플렉스Flex'라는 말을 아는가? 재력이나 귀중품을 과시하는 행위를 이르는 신조어인데, 아이들은 이 플렉스를 동경한다. 돈을 물 쓰듯 하는 유명인이나 '금수저'로 통칭되는 부유한 환경의 아이들을 보면서 자신만의 가치와 신념에 대한 의지가 사라지고 '돈이 최고다'라는 위험한 생각을 품게 된다. 노력해도 안 될 것이라고 확신하고 그 확신에서 파생된 우울과 무기력을 느낀다.

그렇다면 어떻게 해야 할까? 우선 나는 이 문제에서 사회적 해법이 근본적으로 중요하고 시급하다고 생각하고 있다는 점을 밝힌다. 우리 사회 전반에 걸친 과도한 경쟁, 외모 지상주의, 황금만능주의가 청소년 무력감의 근원이라서다. 부모 중 누가 소중한 아이를 힘들게 만들고 싶겠는가? 그러나 이렇게 하지 않으면 우리 아이만 낙오될까 봐, 불행해질까 봐 두렵고 걱정되니 좋지 않은 상황이 형성된다.

그러나 경쟁 사회가 문제라고 한탄하며 우리 아이들을 모른 척 내버려 둘 수는 없다. 너무 많은 청소년들이 정신적 고통을 호소하고, 이런 방식 아래서는 건강한 사회인으로 성장하기도 어렵다. 가장 중요한 존재인 부모가 직접 아이들의 마음을 살펴보고 돌봐야 한다. 그것은 부모의 의무이기도 하다. 공부가 아무리 중요해도, 아니 입시가 코앞인 상황일지라도 아이들의 마음 문제를 모른 척해서는 안 된다.

교육도 중요하지만, 정서는 더 중요하다. 정서가 무너진 아이가 어떻게 마라톤 같은 학습에서 좋은 성과를 낼 수 있겠는가? 아이들과 정서적 소통을 해야 한다. 나의 의견에 이렇게 말하는 부모들도 많을 것이다. "누가 안 하고 싶어서 안 하나요? 나는 하고 싶은데 애들이 협조를 안 하는 거죠".

아이들은 왜 부모와 대화하고 싶어 하지 않을까? 왜 단절을 바랄까? 본인의 속내를 털어놓고 하고픈 말을 하는 대신, 부모들이 원하고 듣고 싶어 하는 말을 하기 때문이다. 아이들 또한 자신의 이야기를 하고, 위로와 격려를 받고 싶다.

요즘 부모들은 경청법, 공감법, 대화 기법 등을 이론적으로 잘 알고 있다. 그래서 처음에는 대화가 매끄럽게 시작된다. 하지만 하고 싶은 이야기가 넘치는 데에 비해 시간은 턱없이 모자라서, 결국에는 참지 못하고 잔소리를 시작해 대부분의 대화가 껄끄럽게 종료된다. 그런데도 아이와 대화를 잘 했다고 착각하는 부모들이 많다. 말투나 대화 내용은 잊어버리고, 아이들을 사랑했던 마음과 의도만 기억함으로써 좋은 대화였다고 착각한다. 문제는 이런 유형의 대화가 몇 번 반복되면 아이가 부모와의 소통을 단절하는 데에 있다.

아이들과 대화를 시작할 때는 성적 외의 다른 주제로 접근해 보기를 권한다. 조금만 고민해 보면 음식, 스포츠, 연예인 등 아이의 관심사는 다양하다. 대화할 시간이 별로 없다면 잘 들어주는 것만으로도 충분히 좋다. 경청이야말로 좋은 대화 기법이다. 부모가 자신의 이야기를 들어주었다는 생각만으로도 아이들은 편안해지고 행복해진다.

수희 씨에게 딸과 꿈에 대해서 다시 한번 차분히 대화해 보기를 추천했다. 꿈의 크기나 성패를 단정하지 말고 그에 관한 자신의 생각을 말할 필요도 없다. 부모와 함께 꿈을 찾는 과정 자체가 중요한 성장의 여정이다. 꿈이란 어느 날 갑자기 하늘에서 뚝 떨어지는 것이 아니라 고민과 시행착오를 거쳐서 굳건해지는 것이다.

중요한 사실은 부모는 곁에서 조언을 해주되 선택은 아이의 몫으로 남겨두어야 한다는 점이다. 스스로 꿈을 찾아 노력하는 아이는 의미 있는 결실을 이루게 되어 있다. 만약 당장의 결과가 별로 좋지 않더라도 그 아이는 여정을 통해 교훈을 얻어 더욱 성장할 것이다. 꿈을 품은 아이들의 반짝반짝 빛나는 눈망울이 보고 싶다.

죄책감을 털고 '눈물의 강'을 벗어나기를

왜 탈북을 했느냐고요? 남편과 시댁이 매사에 저를 복종시키고 싶어 했거든요. 밤새 술을 구해오라고 내쫓기 일쑤였어요. 북에는 여기 남처럼 슈퍼가 없어서 집집이 다니며 술을 구걸해야 했어요. 여자는 남자랑 같은 밥상에서 밥을 먹으면 안 돼서 바닥에서 밥을 먹을 때도 많았죠. 그런데 제가 참는 성격이 아니에요. 안 되겠다 싶어서 친정으로 도망갔어요. 그런데 친정은 너무 가난해 먹을 게 없었어요. 먹고살 게 없으니까 중국으로 넘어갔죠. 중국에서 돈을 벌어 엄마랑 딸한테 보내주고 싶었거든요. 그렇게 흐르고 흘러, 한국까지 오게 된 거예요.

지금 저는 병원에서 일하고 있어요. 그런데 같이 일하는 동료가 제 욕을 하더라고요. 딸을 버리고 온 냉정한 엄마라고요. 가만히 듣고만 있었어요. 난 죄인이 맞으니까요. 하지만 딸을 버리고 온 건 아니에요. 한창 자라야 할 아이가 굶는 걸 보니 도저히 못 견디겠더라고요. 애 아빠는 땅이 있어 밥은 안 굶길 집이라서 아빠에게로 다시 보낸 거예요.

그런데 제 딸이 아파요. 아빠에게서 결핵이 옮았대요. 저 때문에 아픈 거예요. 제가 보고 싶어서 병이 난 걸 테니까요. "엄마, 엄마!" 부르는 그 아이 목소리가 지금도 귀에 들려요. 두고 온 7살 때 목소리가요. 그래서 맛있는 음식을 먹어도 미안하고, 좋은 풍경을 봐도 미안해요.

한국에도 아들이 하나 있어요. 여자 혼자 중국에서 국적 없이 도망자로 살려면 위험한 일이 무척 많아요. 그래서 한국에 오기 전에 아이 아빠랑 살게 됐고, 아이를 낳았어요. 먹고살아야 하니 일하느라 바빠서 아이 혼자 있는 시간이 많았어요. 과자랑 빵 같은 것들로 끼니를 때우고 운동량도 못 채워서인지, 아이가 몇 년 전 소아 당뇨 판정을 받았어요. 아들도 북한에 있는 딸처럼 결국 엄마 때문에 아픈 거예요.

아들만큼은 제힘으로 낫게 해야 한다는 생각이 들어 기를 쓰고 노력해 간호조무사가 됐어요. 병원에서 일하며 돈도 벌고, 아이 치료도 할 수 있으니 감사해요. 병원 원장님도 제 사정을 알고 많이 도와주고 있어요. 아이가 아프면 병원에 데리고 오라고 해서 주사를 놓아주세요.

가끔 저한테 막말하는 사람이 있어요. 북한에서 왔다고 빨갱이라고 욕하는 사람도요. 그래도 저는 열심히 살아요. 하나님이 불쌍한 제 기도를 들어주셔서 이 풍족한 땅에 와 살게 해주셨으니 우리 아들은 여기서 잘 키우고 싶어요. 그런데도 북에 두고 온 딸이 너무 보고 싶어요. 제가 덜 간절하게 원한 걸까요. 이러다가 30년, 40년이 훌쩍 가버리면 어떻게 하나요? 우리 아기는 아프고 나는 늙어가는데 말이에요. 정말 간절히 원하면 만날 수 있을까요?

향옥 씨는 TV 속에서 봤던 북한 여성들처럼 동글동글하고 순수한 인상의 여성이다. 또한 향옥 씨는 혼자 힘으로 북한에서 중국을 거쳐 한국까지 온 강인한 여성이기도 하다. 그녀는 힘든 일을 거듭 겪으며 너무 가슴이 아팠던 나머지 글로 자신의 경험을 기록해 두기도 했다. 그러나 그 글을 보는 것조차 힘들어 결국 불태워 버렸다고 한다. 그만큼 모진 풍파를 겪었으나 지금은 대한민국에서 간호조무사로 자리 잡고 열심히 살아가고 있다. 하지만 향옥 씨는 북한 사투리를 쓰는 데다가 말투도 거칠고 목소리까지 커서 처음 만나는 사람들에게 오해받기 십상이었다. 나도 처음에는 '나와의 대화 중에 향옥 씨의 마음이 열릴 수 있을까?' 하는 의구심이 일기도 했다. 그러나 향옥 씨와 상담을 진행하는 동안, 나의 마음은 눈 녹듯 녹아내렸다. 그녀는 너무나 잘 웃고, 그만큼 잘 울고, 마음이 따뜻하고, 순수한 사람이었다. 그래서 향옥 씨를 미워하는 사람들의 이야기를 듣고 있으면 속상했고, 오해를 풀고 관계가 호전되었다며 아이처럼 좋아할 때는 보는 나까지 행복해졌다.

이렇게 기질적으로는 다혈질적이고 정서적으로는 감정에 솔직하다 보니 향옥 씨는 종종 원치 않는 싸움에 휘말렸다. 북한에 대한 이슈로 그녀를 적대시하는 사람들도 있었다. 안 그래도 새로운 곳에서 적응하느라 힘들고 북한에 두고 온 가족 생각에 언제나 가슴 한구석이 아픈 사람인데, 사람들의 미움과 오해까지 자주 사게 되자 향옥 씨는 우울해지기 시작했고, 집에 오면 거의 쓰러져 있다시피 하게 되었다. 그 사실을 우연히 알게 된 지인의 권유로 내가 향옥 씨를 상담하게 된 것이다.

향옥 씨를 만나게 된 나는 그녀의 외로움과 그리움에 충분히 공감할 수 있었다. 고향과 가족을 북한 땅에 두고 온 슬픔에 공감하지 못할 상담사는 없을 것이다. 공감적 상담도 중요하지만 현실적인 조언도 필요했다. 향옥 씨가 한국에서 행복하게 살기 위해서는 몇 가지 변화가 꼭 필요하다는 사실을 그녀에게 알려주었다. 예를 들면, 선진 사회에서 통용될 수 있는 이성적으로 대화하기, 합리적으로 사고하기 등이었다. 말투와 태도도 바뀌어야 할 부분이 많았다. 그녀는 병원에서 일하는 동안 자신을 아줌마라고 부르는 환자들에게 화를 냈던 경험을 말하며 "아줌마라고요? 저는 아줌마가 아니라고요!"라고 당시에 마구 소리쳤다고 했다. 환자에게 대뜸 아줌마라고 불리는 것은 충분히 불쾌할 수 있는 상황이었다. 하지만 감정적으로 언성을 높여 대응하게 된다면 의료 전문가로서의 전문성에 의문을 품게 되는 것은 물론이고 결국은 싸움으로 번질 수밖에 없음을 설명했다. 화를 내고 소리 지르는 대신, "환자분, 병원에서 저는 아줌마가 아닙니다. 저는 아줌마가 아니고 환자님을 돕는 간호조무사입니다"라고 차분하게 이야기하면 된다. 향옥 씨가 보기에는 이런 말투가 정 없고, 차갑고, 솔직하지 않은 듯 보일 수도 있다. 그런데도 이제는 이런 방식이 한국의 사회생활에서의 의사소통이라는 것을 받아들여야 했다.

다행히 그녀는 배움에 최선을 다했다. 주중의 일에 지친 나머지 향옥 씨는 주말에 침대에 누운 채 거의 일어나지 못했다. 하지만 비대면으로 상담이 진행될 때면 우울감의 외피를 벗어내고 반짝반짝 빛나는 눈으로 나의 말에 경청했다. "이건 나에게 정말 필요한 배움입니다"라고 말하며 일주일 동안 상담 내용을 실생활에서 적용해 보려 노력했다. 마른 논에 물이 들어가듯이 향옥 씨는 어떤 것을 알려주어도 기쁨으로 수용하고 흡수하며 노력했다. 보람이 있었다.

그러던 어느 날이었다. 그날은 향옥 씨를 직접 만나 진행하는 대면 상담 날이었고, 의사소통 코칭 세션을 계획하고 있었다. 그러나 대화 중 나는 향옥 씨 마음에 자리한 '그것'을 보게 되었고, 마음이 먹먹해져 수업을 진행하기 힘들었다. 그것은 바로, '눈물의 강'이었다.

나는 할 말을 잃었다. 그 눈물의 강은 북한에 두고 온 딸에 대한 그리움과 미안함으로 가득 차 있었다. 그 강은 어렵지 않게 그녀의 눈에서 읽어낼 수 있었고, 눈물로 표현되었다. 글로는 담을 수 없을 만큼 슬프고 애처로운 심정이었다. 너무 안타까운 마음에 "따님이 젊으니 반드시 만날 수 있을 거예요"라고 말했는데 그 순간 아차, 싶었다. 상담자는 책임지지 못할 '무조건 희망 주기'를 해서는 안 된다. 진정성이나 현실성 없는 말로 그 순간을 덮어버리는 것은 상대방에게 두고두고 감정 고문이 될 수도 있다. 다시 정정해서 설명하려고 하다가 그 한마디에 큰 위안을 받은 향옥 씨의 얼굴을 보며 나는 사실상 심리 상담 기법의 적용을 포기했다. 나는 그녀가 언젠가 딸을 만나게 될 거라고 믿기로 했다. 우리는 한참을 향옥 씨의 딸에 관한 이야기를 나누었다. 나중에 딸과 재회하면 어떨지, 그때까지 어떻게 참고 있을지 등등. 그녀는 가슴 깊이 죄책감을 느끼며 미안해했고, 고통스러워했고, 슬퍼했고, 그리워했다.

향옥 씨의 고통을 다루는 데에 있어 죄책감은 꼭 건드려야 하는 심리적 주제였다. 그녀는 삶의 모든 부분에서 죄책감을 느꼈다. 북한에 자식을 두고 왔다는 이유로 먹을 때도, 쉴 때도, 잘 때도, 아름다운 자연을 볼 때도 죄스러웠다. 그러나 사실 딸도, 아들도 향옥 씨 때문에 아픈 게 아니다. 딸이 앓고 있는 결핵은 전염병이고, 향옥 씨 또한 그 병은 아이의 부친에게서 옮은 것임을 잘 알고 있다. 아들의 소아 당뇨도 그녀의 잘못이라고 말할 수는 없다. 민감한 양육을 잘하지 못했을 수도 있지만 그 책임이 오로지 향옥 씨의 몫이라고 단정할 수는 없다. 아이 하나를 키우기 위해서는 마을 전체가 필요하다는 말이 있다. 아이의 아빠가 있었고, 유치원이 있었고, 그 외의 많은 것들에 저마다의 역할과 책임이 있었다. 물론 향옥 씨가 완벽하지 않았을 수도 있다. 그러나 그녀는 바쁠 땐 동네 백반집에 아이 끼니를 부탁할 정도로 아이를 신경 써서 챙겼다. 주어진 환경에서 최선을 다했다. 간호조무사인 향옥 씨도 소아 당뇨는 유전이나 다른 환경적 원인으로 발생했을 가능성이 크다는 사실을 알고 있었다. 그런데도 그녀는 모든 일에 '나 때문에……'라는 죄책감에 사로잡혀 괴로워했다.

향옥 씨가 한국으로 오게 된 것 또한 이기적인 선택이 아니다. 먹지 못해 아사한 가족들이 있을 정도로 북에서의 삶은 어려웠고, 그녀는 사랑하는 가족을 지키려고 중국으로 탈북했다. 다시 북한으로 돌아가도 희망이 없다는 사실을 알았기에 목숨을 걸고 자유의 땅으로 왔다. 그녀를 둘러싼 삶 자체가 혼자 힘으로 극복할 수 없는 역경이었다. '어쩔 수 없는 것들'을 모조리 '내가 저지른 잘못들'로 치환시키는 한 그녀는 하루도 마음 편히 지낼 수 없다. 만날 수 없는 아픈 딸, 바빠서 잘 돌보지 못한 아들에 대해서 엄마로서 죄책감이 없을 수는 없지만, 이 상황이 향옥 씨 잘못은 아니었음을 확실히 이해해야 한다. '어쩔 수가 없었다', '나는 정말로 최선을 다했다'는 사실을 본인이 알아주고 받아들여야 한다. 그래야만 건강하고 씩씩하게 새로운 삶을 꾸려갈 수 있고, 그 언젠가 건강한 모습으로 딸과 만날 수 있다.

향옥 씨처럼 굴곡 있는 삶을 살아온 어머니가 아니더라도 상담 중에 죄책감에 사로잡힌 어머니들을 종종 만난다. 나 역시 엄마이기에 아이가 아플 때, 외로울 때, 부족할 때 죄책감을 느끼는 엄마의 심정을 충분히 이해할 수 있다. 나 또한 그럴 때가 많다. 대부분은 아이에 대한 지극한 사랑이 원인이니 엄마의 죄책감을 탓할 수는 없다. 그러나 그 수준이 '자아 환원주의' 수준까지 이르게 된다면 문제가 있다. 자아 환원주의란, 모든 것을 자기 책임으로 돌리는 것을 말한다. 이 환원주의에 빠지게 되면 해법을 찾으려 하지 않고 결국 자포자기하게 된다. 죄책감이 크면 합리적인 생각을 할 수 없기에 괴로워만 할 뿐 아이에게도, 엄마에게도 도움이 되는 결과를 이룰 수 없다는 것이 문제다.

"간절히 원하면 두고 온 딸을 만날 수 있을까요?"라고 향옥 씨가 나에게 물었다. 나는 고개를 끄덕였다. 나는 그 순간에 믿음, 소망, 사랑이라는 단어가 떠올랐다. 향옥 씨를 견디게 하는 것은 사랑하는 이를 언젠가 만날 것이라는 믿음, 그 믿음 위에서 생겨난 소망일 것이다. 향옥 씨의 믿음과 소망 그리고 사랑을 진심으로 응원한다.

미움보다 먼저 애정을 건넬 수 있기를

이 글을 읽는 독자들 가운데 '탈북'이라는 단어에 불편함을 느끼는 이들도 있을 것이다. 남북 관계에 팽팽한 긴장감이 느껴지는 요즘 같은 상황에서 북한이라는 단어만 들어도 짜증 내는 현실이 전혀 이해 가지 않는 것은 아니다. 하지만 이

념적·정치적 잣대로만 평가해서는 안 되는 부분도 있다. 정치적·외교적 상황이 심각하더라도 북한 주민들이 우리와 뿌리가 같은 민족이라는 사실은 변함이 없다.

향옥 씨는 가장 고마웠던 사람 중 한 사람으로 택시 기사를 꼽았다. 택시를 타고 이런저런 이야기를 하다가, 고향 이야기가 나왔다고 한다. 그때 그 기사 분이 그녀에게 "돈을 받지 않을 테니 이 차를 타고 북에 있는 고향까지 갑시다"라고 말했는데, 향옥 씨는 그 말에 아주 큰 위로를 받았다.

국내 탈북민의 숫자가 3만 명이 넘는다. '성공적인 안착 사례'로 보도된 40대 탈북민 여성이 2022년 10월, 사망한 지 1년이 지난 백골 시신으로 발견되었다. 2019년에는 탈북민 여성이 6살 아들과 생활고에 시달리다 숨진 후 두 달 만에 발견되기도 했다. 많은 탈북민이 향옥 씨처럼 탈북 과정에서 표현하기 어려울 정도의 신체적·정신적 상처를 입는다. 그리고 이 땅에 정착한 후에도 외로움과 편견에 대항해 홀로 외롭게 싸운다. 이념과 정치적 잣대를 잠시 접어두고 목숨을 걸고 이 땅으로 찾아온 같은 민족으로, 같은 인간으로서 이들에 대한 따듯한 관심과 사랑이 필요하지 않을까.

상담사인 나는 이들의 정신 건강과 사회 적응을 위한 상담 서비스가 조금 더 전문적으로 제공되었으면 하는 바람이 있다. 그들 역시 우리가 품어야 할 국민이고, 잘 성장한 탈북민은 대한민국을 위한 미래 인재가 될 수 있다고 믿어 의심치 않는다.

이젠
자신을 용서할 차례

아빠는 수갑을 가지고 있었어요. 젊었을 때 형사였다는 소리도 있었고, 청계천에서 샀을 거라는 소리도 들었어요. 어디서 생겼는지 몰라도 제게 수갑은 이 세상 물건 중 가장 공포스러운 존재예요. 남들에겐 죄인을 잡는 물건이겠지만 제겐 엄마를 묶었던 물건으로 기억되거든요.

아빠는 술에 취해 들어와서 자주 엄마를 때렸어요. 제가 초등학생이었던 어느 날, 급기야 엄마 손에 수갑을 채워 동네에서 끌고 다녔어요. 엄마는 안 끌려가려고 발버둥을 쳤지만 그럴수록 더 땅바닥을 구르며 끌려갔어요. 온몸이

긁혀 여기저기서 피가 났어요. 동네 아줌마들은 아빠가 무서워 어쩌지 못한 채 발만 동동 굴렀어요. 아저씨들이 와서야 그 폭력이 중단될 수 있었죠. 엄마는 그때 집을 나갔어야 했어요. 그랬으면 그 오랜 시간을 그렇게 맞고 살진 않았을 거예요. 나중에 엄마에게 왜 그때 집을 안 나갔냐고 물어보니 그 끔찍한 지옥에 어린 너희를 두고 갈 수 없었다고 하더군요. 미안하고 슬펐죠.

제가 중학교에 입학할 즈음 아빠는 집을 나갔어요. 바람이 나서 집을 떠난 거예요. 15년 동안 돌아오지 않았어요. 아빠가 외도로 집을 나갔는데 저처럼 좋아한 딸이 또 있을까요? 아빠 월급이 없어지니 생활은 어려워졌지만, 엄마가 맞지 않고 일할 수 있으니 괜찮았어요. 돈이 없는 게 아빠가 있는 것보다 100배는 좋았어요.

그런데 5년 전 다시 괴로움이 시작됐어요. 제가 30살이 된 어느 날 아빠가 집으로 돌아온 거예요. 죽을병이 걸린 채로요. 어떻게 됐을 것 같아요? 엄마 인생을 파탄 내고 제 어린 시절을 다 망쳐 놓은 그 나쁜 인간을 엄마가 알아서 내쫓아야 하는 거잖아요? 그런데 엄마는 아빠를 받아줬어요. 아픈 사람 길거리에서 죽게 할 순 없지 않냐면서요. 남동생은 독립을 했기 때문에 신경 끄겠다고 선언했고, 저는 그 끔찍한 아빠와 다시 살게 됐어요.
그러다가 어느 날 사건이 터졌어요. 엄마는 일하러 나가고, 일을 쉬게 된 제가 아빠와 둘이 집에 있게 됐어요. 어쩌다가 어릴 적 이야기가 나왔는데, 말싸움이 시작되고 감정이 격해졌어요. 저는 결국 참지 못했어요. 화가 나 잠시 정신을 잃고 주먹으로 아빠의 얼굴을 후려쳐 버린 거예요. 아빠는 저를 때리지 않더라고요. 그날부터 저는 미친 걸지도 모르겠어요.
지긋지긋한 이야기는 끝나지 않았어요. 그 후 아빠는 1년 넘게 일어나지 못하는 환자로 집에서 지냈고 병수발을 제가 다 들었어요. 그런데 시간이 흐르면서 아빠의 인생에 연민이 생겼던 것 같아요. 한때 기고만장했던 아빠의 병든 모습에 눈물이 쏟아지곤 했어요. 그렇게 지내다가 아빠는 돌아가셨어요.
아빠가 세상을 떠난 후 저는 깊은 우울증의 수렁에 빠졌어요. 이제 아빠가 없으니 제 불행에 대해 원망할 사람도 없는 거죠. 도리어 아빠를 때린 패륜아라는 죄책감에 괴로워요. 저는 가정 폭력의 희생자일 뿐이잖아요. 가해자의 똥과 오줌을 모두 받아내면서 그 젊은 시절을 어두컴컴한 방 안에서 힘들게 병수발까지 하면서 보냈는데요. 왜 저는 이렇게 초라한 우울증 환자가 됐을까요? 내 삶은 왜 이렇게 황폐한 건가요?

경숙 씨는 나의 오랜 내담자였다. 그동안 많은 내담자를 만났지만 유독 경숙 씨가 마음에 깊게 남았다. 그녀의 이야기를 들으며 유난히 마음이 아팠기 때문에 그런 것이리라. 아이에게는 우주와도 같은 엄마가 수갑에 채워진 채 마을을 끌려다녔을 때 어린 경숙의 마음에 얼마나 큰 상처가 남았을까? 상상만으로도 가슴 어딘가가 찌릿하다.

20년이 넘는 시간 동안 심리 상담을 하며 내가 얻은 깨달음 중 하나는 누구든 맞으면 안 된다는 것이었다. 맞아도 되는 사람은 어디에도 없다. 폭력으로 인한 상처의 뿌리는 깊어서 어떤 상처보다 크고 오래 간다. 가장 오랜 기간 상담을 지속해야 했던 나의 내담자들도 폭력의 희생자들이었다. 폭력은 한 사람의 자존감을 짓이기는 행동이다. 폭력을 경험한 피해자는 마음의 상처를 다스리는 것만으로도 상당한 에너지가 소모되기 때문에 언제나 지치고 힘들 수밖에 없다.

경숙 씨가 느끼는 복합적인 감정은 당연하다. 수갑이 채워진 채 동네에서 끌려다니는 어머니를 보며 느꼈을 슬픔, 서러움, 공포. 15년 만에 죽을병에 걸렸다며 찾아온 부친에 대한 미움, 경멸, 분노. 이런 감정들만으로도 충분히 버거울 텐데 그녀는 거기에 더해 큰 자책감과 죄책감까지 홀로 짊어지고 있었다.

가장 염려스러운 부분은 경숙 씨의 죄의식이었다. 아버지를 때린 그 순간부터 그녀는 깊은 자책감의 수렁에 빠져들었다. 경숙 씨는 자신을 호래자식, 패륜아라고 표현하곤 했다. 유교 영향을 많이 받은 우리 사회에서 부모가 자식을 때리면 체벌 혹은 훈육이라 칭하기도 하며, 사회의 시선이 관대하다. 하지만 그 반대로 자식이 부모를 때리면 절대로 용서받을 수 없는 악한 행동이라 여긴다. 타인의 시선도 이러하지만 본인 스스로도 그렇게 여기게 된다.

게다가 경숙 씨처럼 착한 사람이라면 심리적으로 더 힘들어진다. 우리가 어떤 상대에게 분노의 감정이 있다면, 사실 상대를 대하는 심리 메커니즘Mechanism은 심플하다. 미워하고 증오하면 된다. 그러나 상대에게 복합적인 감정, 이를테면 상반된 감정인 죄책감과 연민이 더해진다면 혼란스러울 수밖에 없다. 애증은 혼란을 야기한다. 이 혼란스러운 감정이 해결되지 않으면 마음의 병이 생길 수밖에 없다.

아버지의 죽음 이후 경숙 씨의 우울증이 깊어지기 시작했다. 경숙 씨의 우울증은 어찌 보면 예견된 결과였다. 분노와 죄책감, 연민으로 뒤섞인 복합적인 감정은 누구라도 감내하기 어려운 영역이었다. 게다가 그 대상이 사라져 버림으로써 한 대상을 향해 있던 부정적인 감정이 점차 자기 자신으로 향하게 되었다. 스스로를 향한 부정적 감정은 결국 마음의 병을 유발하고 말았다.

그러나 자책은 옳지 않다. 그녀가 자신을 처벌할 이유가 전혀 없다. 아버지에게 폭력을 행했다는 사실과 그로 인한 죄책감까지 피할 수는 없겠으나 어렸을 때부터 가정 폭력의 희생자였던 그녀를 이해하지 못할 사람도 없을 것이다. 또한 경숙 씨가 가진 아버지에 대한 미움과 공포심은 당연했다. 아버지에 대한 연민의 감정도 이상한 게 아니었다. 부모와 자식의 관계란 피하고 싶어도 피할 수 없는 경우가 대부분이고, 증오하고 싶어도 마음대로 되지 않았다. 증오하는 아버지가 불쌍해서 눈물을 흘릴 때 느꼈던 경숙 씨의 혼란 역시 수많은 역기능 가정(가족의 역할이 제대로 작동하지 않는 가족)에서 자식들이 부모에게 느끼는 감정이기도 했다. 나는 경숙 씨가 과거에서 벗어나 그녀만의 새 인생을 살기를 간절히 바랐다. 그녀에게 과거란 아픈 기억으로 가득했다. 가정 폭력 피해자로 증오, 원망, 두려움 속에 살아야 했던 어린 시절, 경제적 어려움과 낮은 자존감으로 주눅 들었던 청소년기, 돌아온 아버지를 간호하면서 보낸 혼란스럽고 절망스러웠던 청년기. 폭력 가해자임과 동시에 가정을 유기한 아버지, 대들지도 못하고 맞고만 있던 무능한 엄마, 집안에 일어나는 일에 관심을 끊어버린 무신경한 남동생. 그녀가 과거에 머무는 동안에는 행복해질 도리가 없었다. 경숙 씨는 발목을 붙드는 기억에서 벗어나 자신만 생각해야 했다. 자신의 행복, 자신의 건강, 자신의 미래, 자신에게 해주어야 하는 것들, 그녀를 행복하게 해줄 사람들, 그녀가 원하는 일들. 그러나 그녀는 좀처럼 과거에서 벗어나지 못했다.

나는 그런 그녀에게 되물었다.

"어떻게 해야 과거로부터 벗어날 수 있을까요?"

그녀는 대답했다.

"보내야겠죠. 저는 보내지 못하고 있어요. 너무 화나서 못 보내고, 분해서 못 보내고, 불쌍하고 슬퍼서 못 보내죠. 사람들은 그냥 잊고 살라고 하지만 잊히지가 않아요. 용서하라는 사람들도 있고, 용서하지 말라는 사람들도 있는데 둘 다 불가능해요. 용서하기에는 그들을 증오하고, 용서하지 않기에는 그들을 사랑하니까요. 그래도 이제는 잔인했던 아빠도, 불쌍하게 죽어가던 아빠도, 바보 같던 엄마도, 미쳐 날뛰었던 나도 보내고 싶어요. 저도 행복해지고 싶거든요."

그녀는 가족의 구원자였다. 아버지는 가해자였지만 그녀로 인해 가족 품에서 세상을 떠났고, 어머니는 피해자였지만 그녀로 인해 승리자로 남았다. 그렇다고 해서 그녀의 희생이 옳았을까? 그 부분에 대해서는 잘 모르겠다. 그녀 외에 누가 대답할 수 있을까. 내가 알 수 있는 것은 그녀의 부모는 그녀로 인해 구원을 얻었다는 사실 뿐이었다.

오랜 시간을 힘들어했지만 다행히 경숙 씨는 천천히 회복되었다. 자신의 건강을 돌보기 시작했고, 우울증 치료에도 성실히 임했다. 좋은 직장에 취직했고, 다정한 동료들도 생겼다. 그녀는 한결 편안해진 자신을 느끼며, 가끔은 아버지의 마지막을 돌보고 임종까지 무사히 해냈다는 사실에 자부심을 느꼈다. 언젠가 사회복지 기관에서 일하고 싶다는 경숙 씨의 꿈을 들을 수도 있었다. 폭력과 불공정 속에서 무너지지 않고, 자신의 삶을 지켜낸 그녀는 나에게 고맙고, 잊을 수 없는 내담자로 남았다.

가정 폭력을 사적인 영역으로 치부하는 순간 폭력이 깊어진다

나는 가정 폭력을 논할 때 '가정'이라는 단어를 빼고 이야기해야 한다고 생각한다. '가정'이라는 단어가 포함되는 순간 사적인 일로 인식되기 쉽기 때문이다. 가정 폭력은 말 그대로 그저 폭력이고, 범죄일 뿐이다.

가정 폭력은 중독 현상이기도 하다. 심리학자 레노어 E. 워커Lenore Edna Walker가 제시한 '가정 폭력 순환 원리'에 따르면 가정 폭력은 '첫 번째는 긴장이 쌓이는 단계, 두 번째로 학대 사건 발생 단계, 마지막 화해 단계' 총 세 단계가 순환해 반복된다. 초기에는 분노를 바로 표출하지 않고 긴장이 쌓이는 단계에서 많은 시간을 보내지만, 폭력 행위가 빈번해지기 시작하면 세 단계의 주기가 빨라지게 되면서 화해의 단계가 줄

어들거나 아예 없어지게 된다.

이런 폭력을 반복적으로 경험하면 피해자는 이 폭력에서 탈출하는 것이 자신의 노력이나 의사와는 무관한 영역이라는 생각을 하게 된다. 즉, 자신의 대응으로 상황을 통제할 수 없다고 여기게 되는 것이다. 여기에서 무기력이 발생하는데, 이 무기력이 반복되면 '학습된 무기력'이 된다. 학습된 무기력의 증상은 자신감 결여, 우울, 부정적 인지, 수동성, 통제력 결여, 책임감 결여로 나타난다. 이런 상황에서는 '사회적 지지'가 가장 중요하다. 사회적 지지란, 다른 사람들로부터 얻을 수 있는 모든 긍정적인 자원을 의미한다. 사회적 지지를 받는 경우, 부정적인 스트레스에 대항하는 능력이 훨씬 강화되므로 무기력으로부터 벗어나 폭력에 저항 및 대항할 수 있게 된다. 가정 폭력의 문제를 가정의 문제로 보지 않고 사회 문제로 인식해야 하는 까닭이다.

최근 경찰과 지자체가 가정 폭력을 과거보다 단호하게 대처하고, 더 신경 쓰고 있는 것은 사실이다. 119 안전신고센터에 가족 폭력 신고가 들어가면 취소된 경우에도 경찰이 출동해 현장을 확인한다. 다행스러운 일이다. 하지만 그렇다고 가정 폭력이 유의미하게 줄거나, 그 정도가 약해진 것은 아니다. 앞서 언급했듯이 가정 폭력은 중독 현상이므로 가해자가 잠시 주춤할 수는 있지만 근본적인 변화가 일어나는 경우는 별로 없다. 그렇기 때문에 가정 폭력의 문제 해결을 가정에 맡겨서는 해결이 되지 않는다. 여전히 우리 사회에는 심리적 내상을 입고 거리를 떠도는 10대, 어린아이들을 데리고 사회 구석 어딘가로 숨어버리는 아내 등 가정 폭력의 그림자가 짙다. 우리 사회에서 가정 폭력이 근절될 때까지 적극적인 공론화와 이에 대한 사회적 대책을 강구해야 하는 건 당연한 공공의 과제다.

2장

어쩌면 나

*

*

*

*

*

여전히

나조차

나를 이해하지 못한다

마침내 발견할
당신의 '빛'을 놓지 마세요

필리핀에서 저는 늘 혼자였어요. 말이 좋아 유학이지 사실은 중학교에서 왕따 당하고, 공부도 못하니까 필리핀으로 쫓겨난 거예요. 8년 동안 한국으로 돌아오지 못했어요. 오라는 사람도 없었고, 돌아오고 싶다는 말도 꺼내지 못했어요. 낯선 나라에서 방 안에만 처박혀 지냈어요. 군대 때문에 겨우 돌아왔죠. 제대가 싫었다는 사람 이야기 들어본 적 있으세요? 저는 군대 시절이 제일 좋았어요. 시키는 대로 하면 되고, 모두 한국말을 쓰고, 나를 거부하거나 버리지 않는 곳이었으니까요.

제대 후 부모님이 이사한 새집으로 돌아간 날, 정말 놀랐어요. 바퀴벌레가 끊임없이 나오는 반지하 방, 이 세상에서 가장 초라한 사람의 뒷모습을 그때 봤어요. 방구석에 웅크리고 있는 어머니 뒷모습이었죠. 부모님은 파산했고, 연로해서 재기가 어려웠어요. 학벌, 인맥, 기술, 경험이 하나도 없는 제가 할 수 있는 일도 없었죠. 필리핀에서처럼 저만의 동굴로 다시 숨게 됐어요. 불행은 잔인하게도 또 다른 불행을 불러와요. 일흔 넘은 아버지가 암 진단을 받았습니다. 기초 생활 수급자 신청을 했는데, 젊은 가족 구성원이 있다고 거절됐어요. 제가 일을 해야만 했죠.

요즘엔 햄버거 가게에서 하루에 10시간씩 일하고 있어요. 근무 시간은 8시간인데, 한 시간 일찍 출근해서 한 시간 늦게 퇴근해요. 다들 제가 만든 햄버거가 맛있다고 칭찬해줘요. 그런데 누군가가 칭찬을 해줘도 믿지는 않아요.

지금 제가 일하는 이유는 부모님을 부양해야 한다는 현실적인 이유가 커요. 히키코모리였던 제가 지금에야 이런 말을 하는 것도 웃기지만 사실 저는 늘 잘하고 싶었어요. 극단적으로 비유하자면, 링컨이 될 수 없다면 히틀러라도 되고 싶었어요. 그런데 아무 일도 안 하면서도 속으로는 링

컨이 됐다가 히틀러가 됐다가……. 이거 정신병 아니죠? 살면서 한 번도 입 밖으로 꺼내지 못했던 단어가 '외로움'이었어요. 제 입으로 그 단어를 말해 버리면 너무 고통스러울 것 같았어요. 올해 처음으로 큰 용기를 내 "나는 정말 외로웠다"고 말했어요. 몹시 슬펐지만 다행히 죽진 않더군요.

몇 달 전부터 여자친구를 사귀게 됐어요. 햄버거 가게에서 같이 일하는 친군데, 제가 태어나 처음으로 좋아하게 된 사람이에요. 그녀는 저보다 더 불우한 환경에서 성장했어요. 누군가를 지켜주고 싶다는 감정을 처음 느끼고 있지만 지금은 제 앞가림조차 못하네요. 이런 제게도 가능성이 남아 있을까요? 나이도 많고, 가난하고, 기술도 없고, 경력도 없는데도요. 그래도 희망을 품어봐도 될까요? 작은 과일가게라도 열고 싶어요. 부모님에게도 잘하고 싶고 사랑하는 사람과 그 사람의 가족을 돌보고 싶어요. 그런데 그런 과일가게를 여는 것에도 1,000만 원 이상은 있어야 한다고 하네요. 문득문득 동굴로 다시 돌아가고 싶어질 때가 있습니다.

민성 씨가 가진 가장 큰 심적 고통은 뿌리 깊은 '외로움'이었다. 청소년 시기에 왕따를 당한 후 말도 잘 통하지 않는 필리핀에 덩그러니 떨어진 채 8년간 고국에 돌아올 수 없었으니 외로움에 가슴이 사무쳤을 것이다. 경제적 여유가 없는 상황에서 무리해서 간 유학 생활은 유배와 같았을 테고, 절망과 포기를 수없이 반복하는 것 말고는 할 수 있는 게 없었다.

그리워했던 한국으로 돌아와 입대하며 민성 씨는 처음으로 소속감을 느꼈다. 누군가에겐 끔찍하고 답답할 수 있는 군 생활이 그에게는 소속감과 안정감으로 작용했다. 그러나 제대 후 민성 씨는 눈앞의 현실을 직면하게 되며 재차 좌절하게 되었다. 부모님은 경제적으로 어려워졌고, 학위나 기술, 인맥이나 경력도 없던 민성 씨가 할 수 있는 일은 거의 없었다. 민성 씨는 다시 자신만의 어두운, 그래서 익숙한 동굴로 들어갔다. 그렇게 최근까지도 집 밖으로 나오지 않은 채 스스로를 고립하며 지냈다.

필리핀에서 지낸 8년과 귀국한 뒤 한국에서 지낸 7년은 절망과 은둔의 시간이라는 점에서는 같지만, 자세히 보면 달랐다. 필리핀에서의 시간이 외로움과 좌절로 가득 차 있었다면, 한국에서의 시간은 좌절 속에서도 희망을 엿볼 수 있었다.

현재 민성 씨에게는 '일'과 '사랑' 두 가지 고민이 있다. 이 고민은 같은 뿌리에서 시작된 것으로 보인다. 그 뿌리가 바로 '자포자기'다. 자포자기는 자신을 해치고 버린다는 의미를 지니고 있는데, 연날리기에 비유하자면 팽팽한 연줄을 그냥 놓아버린 것이다. 연줄을 놓게 되면 열정과 의지도 자연스레 사그라진다.

민성 씨 내면의 흐름에 관해서도 다루어 볼 수 있겠다. 자포자기가 무서운 이유는 자기 삶의 '주도성'을 상실하는 데 있다. 민성 씨는 일을 시작했고, 매우 열심히 하고 있다. 일을 열심히 하기 시작했다는 것은 죽어버렸다고 생각되었던 주도성이 다시 살아나려는 증거라고 볼 수 있다.

주도성을 상실한 자기Self를 끌어낼 수 있는 대상Object은 이 세상 그 어디에도 존재하지 않는다. 자기 자신만이 자신의 주도성을 이끌 수 있다. 민성 씨는 주도성을 되찾기 위한 좋은 자원들을 이미 많이 가지고 있었다. 다만 본인이 인지하지 못했을 뿐이다. 그 자원들은 다음과 같다.

첫 번째 자원은 '가족에 대한 책임감'이다. 그는 오랫동안 부모님을 원망했지만, 부모님을 향한 깊은 애정 역시 지니고 있었다. 부모님을 지켜내야 한다는 절박감에 민성 씨는 동굴에서 나와 일을 시작했다. 게다가 사랑하는 사람이 한 명 더 생겼다. 그녀에 대한 책임감까지 느끼게 되자 삶의 의지가 조금씩 꿈틀거리기 시작한 것이다. 잿더미 같던 마음속에 작지만 빨간 불씨가 피어나려는 순간이다.

두 번째 자원은 자기만의 삶의 '가능성에 대한 신뢰'이다. 민성 씨는 효자가, 멋진 남자가, 자랑스러운 사회인이 되고 싶다고 했다. 민성 씨는 처음으로 사회에 나가 일을 하면서 자신에 대한 가능성을 조금이나마 발견했다. 동료들로부터 호감을 샀고 업무 능률 또한 훌륭했다. 그렇다. 그가 사는 곳은 더 이상 필리핀이 아니다. 우리말을 쓰는 고국이며 이제 민성 씨는 이방인이 아니다. '나도 가능할 수 있다'라는 희망을 품게 되자 억압되어 있던 삶에 기대감이 생겨났다. 그 기대가 실현될 수 있다는 가능성을 믿어야 한다.

마지막 세 번째 자원은 '자기 자신에 대한 사랑'이다. 민성 씨는 과묵하지만 조리 있게 제 생각을 정리해 이야기할 수 있다. 바른 판단력도 갖추고 있으며, 상식적이고 영리한 사람이다. 이런 총명한 청년이 17년 동안 방 안에만 숨어 지냈다는 사실이 나로서는 놀라울 뿐이다. 세상으로부터 고립된 채 가능성을 배제했던 과거에서 나와, 스스로가 얼마나 괜찮은 사람인지를 믿기를 바란다. 자기 자신을 미워하지 말고 사랑해야 한다. 자신을 제대로 사랑해야 타인도 올바르게 사랑할 수 있는 법이다.

나는 민성 씨에게서 무한한 가능성을 엿본다. 지금이라도 하고 싶은 일에 초점을 맞추어 원하는 진로를 찾아 몰두한다면 충분히 발전할 수 있다. 이따금 모든 것을 포기한 채 동굴로 돌아가고 싶어지는 무기력한 자신과 싸워내야 한다. 고립의 관성을 끊어내야만 한다. 연약했던 소년을 보내주고, 어른이 된 자신을 받아들일 차례다. 힘들고 외로웠다는 이야기도 핑계로만 받아들여지는 나이에 접어들었음을 인정해야 한다. 이미 민성 씨는 전과 달라졌다.

'오늘, 여기서' 자신 있게 해낼 수 있는 것부터 차근차근 시작하면 된다. 햄버거를 잘 만들어 내는 열정으로 다른 것들에도 도전할 수 있다. 내가 강조하고 싶은 부분은 스스로를 저버린 '나'를 구원할 수 있는 타인은 이 세상에 존재하지 않는다는 점이다. 결국 자신이 원인이자 결과라는 사실을 힘들어도 받아들여야 한다. 스스로 해낼 수 있다는 가능성을 믿고, 가족을 사랑하며 자신을 사랑하는 용기를 가지기를 바란다. 자격은 그렇게 형성된다.

무력감을 느끼는 청년들이 많아지는 이유

우리 사회에는 수많은 민성 씨가 있다. 사회는 그들을 '은둔형 외톨이', '히키코모리', '루저' 등으로 이름 붙인다. 하지만 무엇 때문에 그들이 그렇게 되었는지에 대해서는 묻지 않는다. 두렵다고 하면 약해빠졌다고 질타하고, 돈이 없다고 하면 게을러 터져서 가난한 거라고 응수한다. 이들의 좌절이 오롯이 이들 자신만의 책임일까? 가난, 해체된 가족, 무관심, 비정한 경쟁 등이 그 원인이지 않을까?

민성 씨의 경우도 의지 박약으로 인해 외로움과 절망에 빠졌다고 볼 수 없다. 청소년 시기에 당했던 학교 폭력은 그가 순진하고 여린 마음을 소유했기 때문에 시작되었고, 어른들이 보호해 주지 못하면서 확장되었다. 마땅히 그를 보호했어야 하는 어른들은 그를 안전하게 지켜주지 못했고, 가해 학생들을 처벌하는 대신에 상처 입은 피해자인 민성 씨를 먼 곳으로 유배시켜 버렸다. 교육이고 양육이었다고 변명하겠지만, 8년 동안이나 타지에 떨어트려 놓은 채 고국 방문도 못 하게 한 것은 심각한 방임이고 아동 학대다. 이런 환경에서 어린 민성이 삶에 대한 기대와 희망을 놓았던 것은 자연스러운 현상이다.

나는 자신의 작은 공간에서 나오지 않고 있는 청년들을 여럿 만나 상담했다. 그들과 대화하면서 알게 된 사실은 그들 모두 세상과 단절하기 전에 세상을 두려워하게 되거나, 증오하게 된 사건들을 경험했다는 것이다. 어떤 이는 학교 폭력을 당했고, 어떤 이는 가정 폭력을 당했고, 어떤 이는 경쟁에서 낙오된 채 무분별하게 비난받았다.

은둔형 외톨이 증상을 보이는 이들 중에는 학습된 무기력 양상을 보이는 이들도 있었다. 학습된 무기력이란, 원하지 않는 고통스러운 자극에 계속해 노출되면서 극복을 위한 시도나 노력이 효과가 없다고 느끼고, 결국은 아무런 대응도 하지 않게 되는 현상을 말한다. 일종의 포기라고 볼 수 있다. 학습된 무기력은 동물 실험에서도 증명된다. 회피할 수 없는 환경을 만든 채 동물에게 지속적으로 혐오스러운 자극을 가하게 되면 처음에는 그 자극을 이겨내거나 피하려고 몹시 애를 쓰지만 시간이 지나면서 결국 벗어나려는 노력조차 포기하게 된다. 그 후 상황이 바뀌어도 달리 다른 노력을 하지 않고 그냥 무기력하게 살아가는 것을 볼 수 있다.

고통과 두려움 속에서 낙담하고 의지를 상실한 이들에게 상황을 바꾸어 주지는 않으면서 비난하거나, '파이팅'만 외치는 것은 폭력의 연장선이 될 수 있다. 그들이 왜 포기해야 했는지, 왜 숨었는지, 무엇이 두려운지 알아보려 하고, 물어보고, 도와준 후에 그들의 손을 잡아 세상에 나올 수 있도록 이끌어야 한다. 지금 이 시간에도 컴컴하고 외로운 자신만의 동굴에 숨어 있는 이들에게 더 따뜻한 관심과 사랑이 필요하다.

삶의 무게 내려놓고 마음껏 울어도 돼요

아빠가 교통사고로 세상을 떠난 날 밤, 저와 동생은 교회에서 잠들어 있었어요. 아빠는 택시 운전을 하셨어요. 엄마는 제가 3살 때 집을 나가서, 저는 교회에서 자라다시피 했어요. 아빠가 교통사고를 당했다는 말을 들었을 때 한참 멍했던 기억이 나요. 그때 저는 고작 중2였어요.

아빠는 우리 남매를 많이 사랑해 줬어요. 엄마가 집을 나간 후 얼마간 아빠는 알코올 중독자였어요. 그래서 고아원에서 몇 년 지내기도 했어요. 하지만 아빠는 스스로 병원에 입원해 술을 끊은 후 고아원에서 우리를 데리고 나왔어요. 쉬는 날에는 들로, 산으로 우리를 데리고 다녔어요. 자식들 끼니를 거르지 않게 하려고 늘 노력하셨죠.

아빠가 세상을 떠난 후부터 우리는 떠돌아다녀야 했어요. 처음에는 작은아빠 집으로 갔는데 거기에 있기가 너무나 괴로워 죽고 싶을 정도였어요. 엄마에게 전화해서 우리를 못 키운다면 고아원에라도 보내달라고 했어요. 엄마는 외할아버지가 있는 시골로 우리를 보냈어요. 그곳도 힘들었어요. 깡시골이었거든요. 다행히 저희를 불쌍히 여긴 고모할머니가 저를 학교를 보내야 한다며 지방 소도시로 데리고 나와줬어요. 동생은 시골에 남았고요.

하지만 고모할머니 댁에서도 오래 머물 수 없었어요. 중학교 3학년이 됐을 때 혼자 서울로 올라왔어요. 어렸을 때 집처럼 지냈던 교회를 찾아갔어요. 몇 달 동안 교회에서 먹고 자고 지낸 다음 기초 생활 수급비를 받게 되면서 근처 고시원에서 지냈어요. 제가 고2 되던 해에는 동생이 서울로 올라왔어요. 그렇게 저는 소녀 가장이 됐어요.

아빠가 세상을 떠났을 때 나온 3,000만 원 정도의 사망 위로금을 작은아빠가 가지고 갔다고 들었어요. 고모할머니가 나서주신 덕분에 1,200만 원을 돌려받을 수 있었어요.

그런데 그 돈마저 엄마가 가지고 갔죠. 500만 원을 방 보증금으로 쓰고 월세를 몇 달 내줬지만 곧 끊겼어요. 기초생활 수급비가 총 30만 원이 나와서 월세로 20만 원을 내면 10만 원이 남았는데, 그 돈으로 저와 동생이 생활했어요. 다행히 교회와 학교에서 밥을 줬고, 복지관에서 무료로 공부를 가르쳐 줬기에 버틸 수 있었죠.

엄마와의 추억은 단 하나도 없어요. 엄마는 저희를 두고 집을 나가서 다른 아저씨 아이들을 키웠어요. 익숙해져 더는 미워하지도 않지만, 엄마가 제 동생이랑 세대를 구성했다가 혼자 말없이 빠져나가는 바람에 동생이 서류상 세상에 없는 존재가 됐던 적이 있어요. 아파서 병원에 실려 갔는데 의료비 보조를 못 받을 뻔했어요. 그땐 정말 엄마가 밉더라구요.

가장 슬펐을 때는 제 동생이 소년 분류 심사원에 들어갔을 적이었어요. 동생이 시골에 살 때 불량한 형들을 따라다녔어요. 그런데 그 형들이 동네 마트를 털면서 동생을 문 앞에 세워 망을 보게 했어요. 그때 동생은 중학교에 막 입학한 어린애였어요. 그 일로 절도죄 전력이 생겼어요. 동생은 서울로 와서 자기도 돈을 벌겠다며 오토바이를 타고

배달을 다녔어요. 그러다 어느 날 사고가 났는데, 피해자가 제 동생이 운전면허가 없다는 사실을 알고 고발했어요. 15살밖에 안 된 동생의 머리는 빡빡 깎였고, 손목에는 수갑이 채워졌어요. 보호 관찰 중에 일어난 사고라 가중 처벌이 된다고 했어요. 지금 생각해 보면 보호해 줄 어른이 없어서 상황이 더 나빠졌던 것 같아요. 그 아이를 고용한 가게 주인은 동생이 중학생이고 면허가 없다는 사실을 알았고 싼값이 좋아서 일을 시켰지만 사고가 나니 모른 척했어요. 제가 법원에 가서 판사님에게 "앞으로 잘 지도하겠다. 용서해 달라"고 빌었어요. 판사님은 교복 입은 여자애가 보호자라고 와서 울고 있으니 불쌍하게 여기셨죠. 그 후로 동생은 안정을 찾지 못했어요. 결국 중학교도 졸업을 못 했어요. 착한 아이인데 마음이 아파요.

20살이 된 해에는 기초 생활 수급비가 끊겼어요. 통보를 받지 못한 상황에서 지원이 끊기니, 정말 막막하더라고요. 닥치는 대로 아르바이트를 했어요. 다행히 저는 밝은 성격이라 꿋꿋이 잘 이겨왔지만, 저처럼 이런 일을 겪는 아이들이 없었으면 좋겠어요.

유진이를 처음 만난 건 유진이가 초등학생이던 시절, 교회에서였다. 생글생글 귀여운 아이였다. 당시에 아버지 혼자 두 아이를 키우고 있다는 말을 들었지만, 구김살 없는 유진이의 모습을 보고 별로 걱정하지 않았다. 시간이 지나고 다시 만난 유진이가 힘든 청소년기를 보냈다는 사실을 알게 되었을 때는 놀랐다. 어린 시절의 유진이도, 성인이 된 후 SNS로 본 유진이도 아주 밝은 아이였기 때문이다.

어느 날 유진이에게서 연락이 왔다. 많이 힘들어하는 것 같아 만나서 이야기를 들어봐야겠다는 생각이 들었다. 20대 후반이 된 유진이는 이별 때문에 아파하고 있었다. 결혼을 약속했던 연인의 부모님이 가정 환경을 이유로 유진이와의 결혼을 반대했고, 결국 연인 관계에 마침표를 찍게 되었다고 했다.

가장 마음이 아팠던 것은 과거의 이야기를 할 때도, 현재의 이야기를 할 때도 웃으며 이야기하는 유진이의 모습이었다. 예상했던 것보다 훨씬 아프고, 슬픈 이야기들투성이였는데 유진이는 그 아픈 사연을 털어놓으면서도 혹시라도 분위기가 무거워질까 봐, 나의 기분이 불편해질까 봐 수시로 체크하며 중간중간 웃음으로 상황을 풀었다. 학교에 다닐 때도 유진이는 그랬다고 했다. 워낙 밝게 말하고 행동하니, 선생님은 물론이고 친한 친구들마저 유진이가 처한 상황을 눈치채지 못했다. 그런데 어느 날 한 친구가 이렇게 물었다고 한다.

"유진아. 너는 매일 웃고 있는데 왜 내 눈에는 네가 웃는 게 힘들어 보이니?"

그 말을 듣고 집에 와서 유진이는 종일 눈물을 그치지 못했다. 감정을 들켜서 창피했지만, 동시에 큰 위로를 받아서였다. 그 친구가 느낀 게 무엇이었는지, 그 울음의 의미가 무엇이었는지 어렵지 않게 짐작할 수 있었다.

유진이는 어렸을 때부터 어떤 것도 원하지 않았다. 바라는 것을 들어줄 사람도, 선물해 줄 사람도 없으니 소유와 바람에 대한 감정조차 포기하게 되었던 듯하다고 덧붙이며 유진이는 또 웃었다. 아버지가 아낌없는 사랑을 주기는 했지만 그는 수시로 아팠고 형편도 넉넉하지 않았기 때문에 원하는 것이나 가지고 싶은 것을 말할 수 있는 환경도 아니었다. 어머니는 남매가 아주 어렸을 때 집을 나갔고, 아버지는 알코올 중독자가 되었으며, 동생은 모친의 얼굴도 기억하지 못한 채 누나에게만 의지해 사는 상황에서 유진이는 일찍이 철이 들 수밖에 없었을 것이다.

아버지가 돌아가신 중학교 2학년 때부터는 사실상 소녀 가장이 되었다. 여기저기 친척 집을 떠돌다가 고등학교 1학년 때부터는 나라에서 받는 돈 30만 원으로 월세방을 얻고, 동생을 돌보며, 살림까지 도맡았다. 30만 원으로는 도저히 부족해 고등학교 2학년 무렵부터는 하교 후 피자 가게에서 아르바이트를 했다.

유진이가 겪은 일들을 듣고 있으면 가슴 한구석이 먹먹하고 아팠다. 자신의 이야기를 남 이야기처럼 설명하는 유진이의 모습 때문이었다. 어리광이나 투정을 부려본 적 없이 성장한 경우에는 자신의 감정을 솔직하게 이야기하는 데 어려움을 겪는다. 나는 상담을 하는 짧은 시간만이라도 유진이가 편하고 솔직하게 감정을 내보일 수 있기를 바랐다. 때문에 나를 신경 쓰지 않아도 괜찮으며, 나와 함께 있을 때는 적어도 슬프면 마음껏 울고, 화나면 크게 소리 질러도 된다고 당부했다. 유진이는 이 이야기를 듣고 잠시 놀랐다가, 이내 또 웃어 보이다가, 약간의 침묵 후에는 슬픈 얼굴을 했다.

스마일 마스크 증후군Smile Mask Syndrome이라고 불리는 증상이 있다. 솔직하게 자신의 감정을 표현하지 못한 채 겉으로 항상 웃고 있지만, 심리 내면에는 우울이나 불안이 상당한 상태를 경험하는 이들의 증상을 일컫는 말이다. 일본 '오사카 쇼인 여자 대학'의 나츠메 마코토Makoto Natsume 교수가 처음 사용한 용어로, 실질적인 감정과는 다르게 항상 미소로 일관해야 한다고 느끼는 인간의 심리적 불안감을 나타내려 사용했다. 나 역시 다양한 원인과 상황에서 스마일 마스크 증후군 증상을 보이는 이들을 여럿 만났다. 그중에는 연예인도 있었고, 서비스업 종사자도 있었고, 엄격한 부모 밑에서 성장한 청소년도 있었으며, 우울증에 빠진 주부도 있었다. 스마일 마스크 증후군은 어떤 상황에서는 가면 우울증과 상당히 유사하다. 겉으로는 항상 쾌활하고 밝은 모습을 보이기 때문에 사람들은 이들의 심리적 어려움을 잘 눈치채지 못하고, '좋은 사람', '밝은 사람', '특이한 사람'으로 인식하기 쉽다. 그러나 이면에는 상당한 스트레스와 우울, 불안 등이 내포되어 있기에 표면적으로 드러나는 우울증보다 더 깊은 우울을 경험하고 있을 확률이 높다.

유진이가 스마일 마스크 증후군이나 가면 우울증이라고 단정하고 있는 것은 아니다. 유진이는 훨씬 나이가 많은 나보다 책임감 있고, 성실하고, 의젓하고, 강한 아이이다. 버겁고 무거웠을 텐데 싫다는 내색 한 번 안 하고 동생을 돌보고 좋은 직장에 취직해 전셋집도 마련했다. 참 존경스러운 청년이다. 내가 걱정하는 부분은 웃음 뒤에 가려진 민낯이다. 유진이의 웃음은 보는 이의 기분을 좋게 만들지만, 정작 본인에게는 (자신의 이야기가 부담스러운 나머지) 사람들이 '나'를 떠날 수도 있다는 불안의 표현일 수 있다. 또한 솔직한 감정이 표출되기 시작하면 그 아픔을 감당 못 할까 봐 미리 차단하는 두려움의 표현일 수도 있다. 더 상처 입지 않기 위한 노력이 웃는 얼굴로 나타났다. 표현되지 않은 감정은 고인 물 같아서 너무 오랫동안 방치되면 썩거나 병 든다. 그러나 "너는 왜 솔직하게 네 마음을 말하지 못하니?"라고 물을 수는 없다. 원하는 물건 하나 온전히 가질 수 없었던 어린 유진 또한 자신의 힘듦을 누구에게도 털어놓지 못했을 것이므로.

유진이와는 상담자와 내담자 형식이 아닌 어릴 적 교회에서 선생님과 제자로 만났기에 내가 해줄 수 있는 것에 한계가 있었다. 안전한 공간에서, 안전한 형식으로 유진이의 감정이 표현되도록 하고, 상담자가 그 감정을 담아주는 심리 상담이 정식으로 진행되면 좋았으리라 생각된다. 그러나 유진이는 상담자와 내담자로서가 아니라, 이런 자유로운 형태로 만나는 것만으로도 기쁘고 행복하다고 대답했다. 어린 시절에는 외로웠으나, 인복이 많음에 감사하다고. 주변의 많은 사람들이 자신을 아껴주고 걱정해 준다며, 지금 힘든 것도 따스한 친구들과 지인들 덕분에 곧 괜찮아질 것이라고 오히려 나를 안심시켰다. 유진이의 주변에 좋은 사람이 많아 다행이었지만 이는 당연한 결과였다. 남다른 책임감과 배려심, 성실함으로 좋은 사람들을 자신에게로 끌어당기고 있으니 말이다. 유진이가 좋은 사람이기에 가능한 현상이었다.

유진이는 자신이 "꿋꿋하게 살아갈 수 있는 이유는 어릴 적 아빠에게 받은 사랑 때문"이라고 말했다. 동의한다. 대상관계 이론Object-Relations Theory에 따르면, 어린 시절 주요 양육자로부터 충분한 사랑을 받은 이는 어른이 된 후의 삶이 힘들고 고통스럽더라도 어릴 적에 형성된 견고한 자아 구조로 삶을 포기하지 않고 긍정적으로 살아갈 수 있다. 비록 아버지가 옆에 없고 현실은 고단할지라도, 유진이의 내면에는 어린 시절에 받은 사랑이 새겨져 있다. 그러니 성실하고 고운 성품으로 사람들의 사랑을 받으며 좌절하지 않고 결국 자신의 행복을 개척해 나갈 수 있으리라. 사랑이 인간에게 끼치는 영향이 얼마나 큰지 알 수 있다.

사회와 어른의 무관심 속에서 아이는 일찍 어른이 된다

소년·소녀 가장은 부모나 보호자가 없거나, 있더라도 가장의 역할을 수행하지 못해 미성년자임에도 불구하고 가정의 생계를 꾸려나가는 아이들이다. 부모의 양육과 도움이 있어도 사회에서 자리 잡기가 만만한 일이 아닌데, 미성년자가 성인의 보호 없이 생활을 꾸리고 살아간다는 것은 변수가 많고 어려운 일이다. 다행히 국내 소년·소녀 가장의 수는 많이 줄어든 추세다. 복지 체계가 잡혀 있지 않은 개발 도상 국가에서는 소년·소녀 가장이 많지만, 복지 제도가 잘 갖추어진 선진국에서는 부모의 양육을 받을 수 없는 경우, 보육 시설이나 위탁 가정에 들어가거나 국가 지원을 받을 수 있으므로 그 수가 급격히 줄어든다. 국내 소년·소녀 가장의 숫자는 2010년에는 905 세대였으나, 2021년 기준으로는 3개의 세대로 급격히 줄어든 상태다.

그러나 나는 이런 숫자에 별로 감격하지 않는다. 여전히 어른의 보호 없이 이 사회 속에서 생존해야 하는 수많은 청소년 문제를 직면하고 있다. 오늘의 주인공 유진이만 해도 고등학생 때부터 국가에서 주는 보조금을 받았지만, 실제로 생활하기에는 턱없이 부족한 금액이었고 입시 공부는 포기한 채 밤늦게까지 아르바이트에 매달려야 했다. 어려운 환경 속에서 동생은 중학교 때부터 범죄에 이용되었고, 보호자 없이 재판받고 난 뒤 소년 분류 심사원에 들어가야 했다. 방황의 늪에 빠져 결국 의무 교육도 마치지 못했고, 현재까지도 직장은 구하지 못하고 있다. 성실하고 책임감 있는 유진이 또한 성년이 된 후에도 부모님이 없다는 이유 하나만으로 여러 번의 실연을 겪어야 했다.

이런 사례가 유진이뿐일까? 어른의 보호 없이 길 잃고 헤매는 청소년의 문제는 여전히 우리 주변에서 어렵지 않게 만날 수 있다. 사실상 소년·소녀 가장의 역할을 해야 하는 아이들도 여전히 많고, 부모님이 계시더라도 보호는커녕 아동학대의 상황(신체적 폭력·정서적 폭력·방임 등)에 노출된 경우도 많다. 한쪽에서는 과보호와 과한 사교육으로 몸살을 앓는 10대들이 있고, 다른 한쪽에서는 돌봄을 받지 못하고 차가운 사회로 내팽개쳐진 청소년들이 있는 것이 지금 우리 사회의 현실이다.

지원금이 늘어난다고 해서 모든 문제가 해결되는 것은 아니다. 스스로 집을 얻고 생활필수품을 사고 끼니를 해결해야 하는 실존의 문제도 난감하지만, 혼자서 외로움과 두려움에 맞서 싸워야 하는 심리적 문제는 더 힘들 수도 있다. 어른스러운 아이들은 많고, 어른 같은 어른들은 점점 줄어드는 우리 사회. 나는 과연 어떤 어른일까를 돌아보게 된다.

분노의 포로가 되지 말고 자신을 지키세요

그 쓰레기들이 어떻게 말하는지 아세요? 저 집 장애인 집이라구요. 저 여자는 돈도 없으면서 애를 다섯이나 낳았다고요. 작년에 이것들 때문에 우울증이 심하게 와서 한 달 정도를 누워만 있었어요.

3살 때 아빠가 돌아가셨어요. 엄마는 본인 자식을 두고 집을 나가서 다른 남자를 만났고, 그 남자의 애들을 키웠어요. 미안해하지 않으시더라구요. 사람은 안 변한다는 사실을 엄마를 보고 알았어요. 얼마 전 돌아가셨는데도 조금도 슬프지 않았어요.

저는 모두에게 맞았어요. 할머니한테, 오빠한테 매일 맞았고, 삼촌도 저를 심하게 때렸어요. 그때 저는 영양실조로 머리가 발달하지 않아 인지가 느렸어요. 말도 잘 안 하던 때라 잘못할 일이 없었는데도 모두가 저를 나쁜 애 취급했죠. 학교에서도 마찬가지였어요. 어떤 애에게 책을 빌린 적이 있었어요. 그런데 제 실수로 책이 조금 찢겼나 봐요. 그런데 그 애가 제가 일부러 그런 거라고 소문냈고, 그때부터 친구들이 저를 '바보'라고 부르기 시작했어요. 돈을 훔쳤다고 두 번이나 제가 하지 않은 잘못을 뒤집어쓰기도 했어요. 선생님조차 저를 믿어주지 않았어요.

10살부터 16살까지 늘 맞으면서 일했어요. 매일 새참을 해서 이고 날랐고 수레까지 끌었어요. 힘들 때는 나쁜 생각도 많이 했어요. 한번은 길에서 넘어졌는데 저를 향해 차가 오고 있었어요. 일부러 안 일어났어요. 친구가 잡아끄는 바람에 살았죠. 전혀 고맙지 않았어요. '그냥 두지, 왜 살려서……' 싶었어요.

17살에 돈을 벌려고 공장에 들어갔어요. 거기서도 따돌림을 당했죠. 어느 날은 기숙사에서 6명이 저를 때리겠다고 몰려오는 거예요. 제가 계단에서 유리를 발로 깨 도망쳐서 살았어요. 제 얼굴이 까맣고 말투도 어눌해 사람들이 저보고 베트남인이냐 아프리카인이냐 그러면서 놀리기도 했어요.

다행히 결혼은 나쁘지 않은 사람과 했어요. 남편은 시각장애가 있지만, 열심히 일하고 성격이 순한 사람이에요. 요즘엔 남편이 피곤하다며 자기 엄마한테만 매일 가 있어서 다섯 아이를 모두 저 혼자 키우고 있지만요. 그래서 이제는 그 인간도 별로예요.

애들을 보고 버티면서 살아요. 애들은 예뻐요. 첫째와 막내는 장애가 있어서 손이 더 가요. 둘째, 셋째, 넷째는 장애가 없어요. 막내가 올해 많이 아파서 저랑 몇 달 동안 병원에서 살다시피 했어요. 힘들었어요.

뒤에서 수군거리는 학부모들도 많아요. 그런 말을 들으면 스트레스가 크죠. 우울해요. 길거리를 울면서 걸어 다녔어요. 저는 살려고 발버둥을 친 죄밖에 없어요. 애들 열심히 키운 죄밖에 없어요. 제가 겪은 불행과 가난, 폭력을 대물림 안 하려고 정말 많이 노력했어요. 그런데 왜 다들 저한테 자꾸 욕하고 손가락질을 하죠? 선생님도 제가 별 볼 일 없고 부족해 보이나요?

가는 곳마다 폭행을 당했던 한 여성을 만났다. 부모로부터 버림받았고, 약간의 인지 장애를 가지고 있는 그녀는 가는 곳에서마다 폭력과 따돌림을 당했다. 그러나 그녀는 참 강인하게 버티고 이겨냈다. 오늘의 주인공 순임 씨는 어려움이 많은 상황에서도 다섯 아이를 낳아 잘 키운 훌륭한 엄마다. 도와주는 이들이 없는 상황에서 장애가 있는 두 아이를 포함해 다섯 아이를 사랑으로 헌신해 키워내고 있다. 순임 씨의 어린 시절의 이야기를 들으며 도대체 그런 환경에서 어떻게 지금까지 생존해 냈는지, 어떻게 이렇게 당당하고 굳건한 모습으로 다섯 아이를 지켜낼 수 있었는지가 궁금하고 대견했다.

또한 순임 씨는 경우 있고 사랑스러운 사람이다. 그녀는 상담 중에 늘 나에게 이렇게 물어오곤 했다. “선생님, 마스크 없으시면 좀 보내드릴까요?”, “아침 드시고 나왔어요?”, “오늘 기분 괜찮으세요?”. 그녀는 도움을 받고 나면 조금이라도 무언가를 주고 싶어 했고, 챙기고 싶어 했다. 나는 함께 상담했던 선생님과 순임 씨를 ‘L님’으로 부르고 있다. 여기서 L은 Lovely의 약자로 사랑스럽다는 의미로 사용된다.

순임 씨는 약간의 인지 장애를 지니고 있고 말하는 속도가 느리지만 유능한 엄마다. 다섯 아이 각자에 맞게 이것저것

챙기는 순임 씨의 정성과 능력은 똑똑하다고 자부하는 어머니들도 쉽게 따라 하지 못할 수준이다. 장애가 있는 큰아들이 기술을 배워 혼자 힘으로 살아갈 수 있도록 돕고, 그에 맞는 대학을 찾아 합격시키기도 했다. 아이들이 자립할 수 있도록, 건강한 사회의 일원으로 성장할 수 있도록 최선을 다해 양육하고 있다.

그러나 지금 순임 씨에게 필요한 것은 자신의 감정에 대한 냉정한 시각이다. 순임 씨는 사랑스러운 사람이지만, '분노'에 관해서는 유아적인 수준에만 머물러 있다. 일상생활에서도 너무 많은 이들에게 잦은 화를 냈고, 상담 중에도 분노를 자주 표출했다. 상담이 시작되면 끝날 때까지 많은 사람을 험담했다. 그들을 '쓰레기'라 칭했고, '이것들' 혹은 '그 인간'이라고 멸칭하며 흥분했다. 물론 어려서부터 분노를 삭이기 힘든 고통스러운 상황에 계속해 노출되었고, 나이가 든 지금까지도 괴롭힘을 당하고 있으니 순임 씨의 분노는 이해가 되고도 남는다. 지금까지 참아온 것도 대단하다고 생각한다.

그렇지만 순임 씨가 당장에 원하는 바는 이제는 행복해지고 싶다는 것이었다. 그렇다면 분노의 감정을 다스리고, 이전과는 다른 방법으로 사람들과의 갈등을 해결해야만 한다. '분노의 포로'가 되어서는 문제를 풀 수 없다. 계속 화를 내고, 욕을 하고, 분노를 표출하면 사람들은 그것을 빌미로 또 순임 씨를 비난하고 미워하며 따돌릴 것이다. 그러나 순임 씨가 진정으로 원하는 바는 사람들에게 사랑받고, 인정받고, 어울리는 것이기에 이제는 화내지 않고, 싸우지 않고, 대화하는 방법을 배워야 한다.

먼저 순임 씨의 분노는 오래된 상처에서 비롯되었을 수도 있다는 것을 자각해야 한다. 그동안 쌓인 원통함이 너무 크기 때문에 과거 인물들에 대한 감정이 현재 인물들에게 그대로 투사Projection* 되어서 분노의 감정이 몇 배로 증폭되고 있을 가능성이 있다. 그러나 그때의 순임 씨와 지금의 순임 씨는 다르며, 그때 순임 씨를 괴롭혔던 사람들과 지금 순임 씨를 괴롭히는 사람들도 다르다는 사실을 인지해야 한다. 또한 더 이상 순임 씨는 혼자가 아니라는 사실과 자신이 당하는 부당함에 대해 똑똑히 규명할 수 있는 능력이 있음을 확신하고

* 투사는 방어기제의 하나로서, 어떤 상황이나 욕망, 동기 등을 무의식적으로 타인에게 귀속(歸屬)시키는 현상이다.

자신감을 가져야 한다.

구체적인 소통의 기술을 익히는 것도 유익하다. 순임 씨는 무엇이든 금방 잘 배운다는 장점이 있고, 또한 다정하고 순수하며 사랑스러운 사람이다. 장점을 효과적으로 드러내는 방법 중 가장 쉬운 방법으로 '스마일'이 있다.

안타깝게도 상담을 진행하는 동안에는 순임 씨의 웃는 모습을 보지 못했다. 사랑스러운 순임 씨의 웃음을 보지 못한다는 것은 비극이었다. 누군가와 대화할 때 약간의 미소만 지어도 소통이 훨씬 부드럽고 포근해진다. 표정은 그래서 중요하다. 웃는 얼굴에 침 못 뱉는다는 옛말도 사람이 사람을 마주할 때의 유한 인상이 유려한 상황을 만든다는 의미로 쓰인다고 볼 수 있다. 웃음이 어색한 순임 씨가 처음부터 미소를 지으며 대화하기는 쉽지 않았다. 하지만 한두 번 용기를 내어 웃는 모습으로 주변 사람들과 만난다면 순임 씨를 좋아하는 사람들이 분명히 생기기 시작할 거라고 확신한다.

스마일을 적용해 성공한다면, 그다음의 대화 기술로는 경청, 공감, 반영하기, 질문하기 등이 있다. 올바른 경청은 상대방 말을 듣기만 하는 단계를 넘어서, 상대가 말을 할 때의 감정이나 의도까지 주의를 기울여 듣는 것이다. 경청의 한

자 傾聽은 '기울여 듣는다'는 뜻이다. 영어로는 보통 'Listen'을 쓰지만 보다 더 주의를 기울여 듣는다는 의미가 있는 'Attention'으로 이해하는 것도 좋다. 경청의 힘이 어느 정도인가 하면, 상대방의 이야기에 주의를 기울여 들어주는 경청만 잘해도 그 대화는 실패하기 어렵다.

공감은 다른 사람의 상황이나 기분을 함께 느낄 수 있는 심적 현상이다. 공감Empathy은 동정Sympathy과는 다르다. 어떤 상황을 불쌍하고 측은해하는 것을 넘어서 상대방의 상황과 기분에 대해 감정적으로 아울러 느끼고, 이성적으로 같이 이해하는 것이다. 사람은 누군가가 나를 공감해 주고 있다고 느낄 때 큰 위로와 힘을 얻는다. 이 공감이 상담에서 가장 중요한 요소라고 해도 과언이 아니다. 공감에 성공하면 치유가 일어나고, 회복이 일어나고, 성장이 일어난다. 그러나 공감에 실패하면 상처받은 이는 더 상처받게 되고, 관계는 붕괴 혹은 파괴된다. 좋은 엄마가 되고 싶다면, 유능한 상담자가 되고 싶다면, 인기 있는 사람이 되고 싶다면 타인을 공감하는 일의 중요성을 알고, 공감하는 방법을 배우고 익혀야 한다.

반영Reflection하기는 상대방의 이야기를 들은 후 감정을 비추어 되돌려 주는 것이다. 즉, 경청을 통해 상대방의 감정을 파악한 후 자신의 말로 부연해 이야기해 주는 것이다. 반영을 통해 수용된 상대방은 자신의 감정을 명확하게 알게 되고, 마음이 편안해지고, 반영해 준 이에게 친밀함을 느낀다.

마지막으로 질문Ask하기는 잘 듣고, 공감한 후에 적절한 질문을 하는 기법이다. 적절한 질문은 상대방으로 하여금 문제에 대해서 더 다각적이고, 깊은 생각을 할 수 있게 해주고, 문제 해결 방법을 찾을 수 있게 돕는다. 질문한다는 것은 자신의 이야기에 진정한 관심을 가지고 있다는 의미이므로 대부분이 질문자에게 고마움과 호감을 느끼게 된다.

대화 기술은 시작이 어렵다. 하지만 하다 보면 조금씩 대화에 자신감이 붙고, 나와의 대화를 누군가가 즐거워한다는 생각이 들면서 행복감을 느낀다. 순임 씨는 노력하는 사람이고, 배움을 즐긴다. 대화법에 대한 많은 자료와 사례를 보며 그녀가 차근차근 익혀 봤으면 한다. 흔하디흔한 대화를 기술로 여겨 연습하는 게 이상하게 느껴질 수 있겠지만, 복잡한 현대사회에서 인간관계를 위한 기술은 돈을 주고도 배우는 중요한 공부가 되었다.

물론 더 중요한 것은 지금까지 잘 버텨왔다는 것만으로도 순임 씨의 삶이 충분히 가치가 있다는 사실이다. 나는 고단한 삶으로 괴로웠음에도 꿋꿋하게 버텨낸 그녀의 끈기를 높이 평가하고 존경한다. 그러니 다른 사람들의 평가에 흔들리지 말고 자기 자신을 소중히 여겼으면 한다. 순임 씨 같은 강인한 어머니들의 이야기를 들을 때면 마음속 깊이 그녀들이 잘 버텨주기를 응원하게 된다. 온몸으로 싸워 지켜온 삶과 아이들이 순임 씨가 인생의 승리자임을 증명하고 있다. 이렇게 강인한 생명력을 지닌 순임 씨의 아이들도 분명 단단하고 다정한 어른으로 성장하게 될 것이다.

약자는 강자보다 폭력에 더 많이 노출된다

대한민국 사회는 이제 막 선진국 반열에 진입했다고 한다. 그러나 과연 약자에게 너그러워졌을까? 친부모에, 계부모에 의해 끊임없이 맞다가 사망하는 아이들이 여전히 많고, 추운 방에서 홀로 머물다가 생을 마치는 독거노인도 많다. '염전 노예', '모텔 노예' 등 수많은 곳에서 학대당하는 장애인들도 여전히 우리 사회에 존재한다. 도처에 뿌리 내린 약자에 대한 폭력에는 심리적 처방도 중요하지만, 폭력을 막아줄 강력한 권위가 더 필요하다. 약자들은 자신들의 고통을 전달하고 도움을 청할 창구도 부족하기에 그들이 손을 뻗어 도움을 요청하기를 기다리고만 있기에는 골든 타임을 놓친다. 정부, 국회, 공공기관이 촘촘하게 대책을 마련하고 주도적으로 그들을 보호해야 한다. 그것이 국가의 존재 이유가 아니겠는가. 생명보다 존귀한 가치는 세상에 없다.

20년간 가족에게 헌신한 당신, 이젠 본인을 돌볼 차례

서울대를 나온 여자가 왜 중고차 딜러를 하냐고요? 돈을 빨리, 많이 벌고 싶었거든요. 가난이 지긋지긋했고 부모님 두 분 모두 저만 바라보고 있었어요.

아빠는 수재셨어요. 대기업에 다니셨지만 억울하게 해고된 후 평생 알코올 중독자로 사셨어요. 재기를 시도했지만 번번이 실패했고, 그럴수록 더 망가지셨어요. 가장이 된 엄마는 '하우스 운영'(도박을 하도록 장소를 제공하는 일)을 했는데, 도박꾼들과 같이 경찰서에 잡혀 들어가는 엄마를 몇 번이나 지켜봐야 했어요. 그 시절 마루에서 낮선 사람들이 도박을 하면 저는 방에서 혼자 공부했어요. 한번은 잠깐 잠들었다가 성추행을 당한 적도 있어요. 엄마는 조용히 넘어가셨어요.

이런 환경에서 서울대를 들어갔으니 대단하긴 한 거죠. 정말 미친 듯 공부했어요. 모든 것에서 벗어나려면 공부밖에 답이 없어 보였어요. 문제는 서울대에 들어가기만 하면 행복해질 줄 알았는데, 그 후로도 행복하지 않았다는 거지만요.

행복하지 않았던 이유는 돈 때문인 것 같네요. 아니, 내가 돈을 벌어 오기만 바라는 가족들 때문인지도 모르겠어요. 그동안 가족 생활비를 제가 다 벌어 댔어요. 정말 지긋지긋해요. 제 나이가 마흔인데 결혼도 못 하고 지금껏 부모님 뒷바라지만 했어요.

알코올 중독자인 아빠는 어쩔 수 없고 동생들은 철이 없다 치더라도 가장 화가 나는 사람은 엄마예요. 제 고통에는 조금도 관심이 없고 오로지 자신만 생각하세요. 일흔이 넘었지만 SNS를 열심히 하시고, 거기서 만난 친구들과 밖에서 종종 만나서 노시곤 해요. 아빠 병원에 갈 때도 한껏 꾸미고 가세요. 제 화장품은 원 플러스 원만 사지만 엄마 화장품은 늘 외제 화장품이에요. 나는 엄마의 종 같아요.

심리 상담이니 한 번도 입 밖으로 꺼내지 못한 이야기를 해도 되는 거죠? 고백하자면 그동안 저는 수없이 부모를 죽였어요. 꿈속에서요. 마음속에서도 그랬어요. 그래서 뉴스에서 부모를 죽였다는 사람들을 보면 '저 사람도 마음속으로 수백 번 부모를 죽이다 어느 날 정신을 놓고 행동으로 옮긴 게 아닐까?' 하는 생각이 들기도 해요.

사람들은 제가 밝고 자신감 넘치는 사람인 줄 알지만 저는 밤마다 '제발 내일 아침에 눈을 뜨지 않았으면' 바라며 잠들어요. 저도 행복해지고 싶어요. 그런데 저는 그저 슬플 뿐이에요.

미영 씨와 이야기하다 보니 그녀가 오랫동안 짊어지고 있는 짐이 얼마나 무거운지 알 수 있었다. 몰락한 집안을 일으키고 싶다는 열망이 얼마나 컸으면 도박 하우스를 운영하는 가정 환경에서 혼자 공부해 서울대에 입학했을까.

안타까운 것은 그 어린 소녀의 분투가 20년이 지난 지금까지도 끝나지 않고 진행 중이라는 사실이었다. 미영 씨는 돈을 빨리, 많이 벌고 싶어서 끊임없이 공부했고 일을 하는 것이라고 말했지만, 돈에 대한 열망보다 더 깊은 문제는 가족에 대한 극에 달한 책임감과 불안감이다. 본인이 돈을 벌지 못하면 가족의 불행은 끝나지 않을 것이라 여겨 극한의 노력을 다했다. 그러나 그녀는 불안감에 압도되어 중요한 순간마다 합리적인 선택을 하지 못했고, 성급한 결정을 내리곤 했다.

미영 씨는 대학을 졸업하자마자 취직이 안 될까 두려운 나머지 떨어질 가능성이 조금이라도 있는 기업에는 원서조차 쓰지 않았고, 100% 취직이 보장되는 작은 중소기업 한 곳에서만 면접을 보고 일을 시작했다. 그러나 몇 달 다니다 보니 월급이 너무 적다는 생각이 들었고, 바로 회사를 나와 다단계 비즈니스를 시작했다. 그 일도 예상처럼 돈이 벌리지 않아 고민이 깊어지던 차에 지인이 수입 자동차 딜러 일을 제안했다고 한다. 자동차 딜러 일을 하면서는 꽤 큰 돈을 벌었기에 직업적 만족감은 상승했지만, 가족의 생존과 생활을 위해 20년간 '돈'만 생각하며 달려오고 나니 마음속엔 깊은 우울과 분노가 남았다. 대학 동기들은 국가고시를 패스해 공무원이 되거나 전문직에 종사했고, 공부를 계속해 명문대 교수가 된 이들도 있었으며, 국내 굴지의 대기업이나 글로벌 기업에 취직한 경우도 흔한데 미영 씨 자신만 가족 생활비를 위해서 뛰어다니느라 꿈과 미래를 저당 잡힌 기분을 느꼈다. 그러나 미영 씨는 이렇게 열심히 일하지 않으면 다시 모친이 경찰서로 끌려갈지도 모른다는 두려움에 사로잡혀 자신의 미래나 소망 따위를 고민조차 해보지 않았다.

미영 씨는 자신의 속내를 듣지 않으려고 애쓰는 사람처럼 보였다. 그녀는 상담을 시작하면 강박적으로 쉼 없이 말을 이었다. 내가 질문을 하거나 말을 하려 하면 끝까지 듣지 못하고 자신의 생각이나 경험, 상황을 계속 설명하고 주장했다. 머리가 비상하고 언변도 뛰어나기에 더 많이 생각하고, 더 잘 말하는 부분도 있기는 했다. 하지만 그런 일관된 행동은 솔직한 감정과 직면하기를 회피하고 있는 것이었다. 그녀는 마음의 문을 열고 자신과 마주하기를 두려워하고 있었다.

감정을 직면한다는 것은 때로는 괴로운 일이다. 그렇지만 자신의 마음이 느끼고 원하는 바를 알고, 표현하고, 받아들이는 과정은 치유에 있어 중요한 요인이다. 마음의 소리에 귀 기울여 인정해 주고 난 후에야 비로소 편안해진다. 마음이 편안해야 올바른 선택도 할 수 있다.

그러던 어느 날, 우리의 상담이 진일보되는 일이 생겼다.

내가 건넨 짧은 질문에 드디어 미영 씨가 솔직하게 대답한 것이다. 질문은 단순했다. “미영 씨는 자기 자신이 지금 어떤 사람이라고 느껴지세요?” 이 질문에 미영 씨는 처음으로 한참을 침묵했고, 작은 목소리로 천천히 답했다. “나는 슬픈 여자에요”. 그녀가 처음으로 표현한 본인의 감정이었다. 그녀는 그날 이후 장황한 말하기와 쉴 새 없는 말하기를 중단했다. 감정을 표현한다고 해서 그녀가 두려워했던 것처럼 고통스러운 감정의 소용돌이에 빠지지 않는다는 것을 깨닫게 되었고, 그 사실을 알게 된 미영 씨는 한결 편안하게 대화할 수 있었다.

부모님을 향한 ‘양가감정’에 대해서 생각하는 것이 그녀에게는 중요한 이슈였다. 미영 씨는 자신의 생애 자체를 쏟아부었을 정도로 부모님을 사랑하지만, 그만큼 한편으로는 부모님을 증오했다. 이런 애증의 감정이 미영 씨의 에너지를 수없이 빼앗았다. 홀로 부모님이 좋았다가 싫었다가를 반복하며 외로운 전쟁을 치렀다. 이 전쟁은 그녀가 자신의 한계를 초과해서 헌신한 결과였다. 역기능 가정에서 자녀들이 수행하는 역할은 대체로 다섯 가지로 나뉜다.

첫 번째로 ‘영웅’의 역할이 있다. 이들은 월등한 성취를 이루고, 가족의 자랑이 되는 존재다. 이런 영웅 자녀 덕분에 부모는 자신들이 좋은 부모이고, 우리 집은 괜찮다고 착각한다. 영웅 자녀의 존재 덕분에 역기능 가정의 문제는 손쉽게 외면되고 덮인다.

두 번째는 '희생양' 역할이다. 이 희생양 자녀는 가족 안에서 일어나는 모든 부정적인 것을 담당하는 존재다. 가족 모두 희생양을 공격하고, 희생양이 갈등을 조장한다고 말한다. 그래서 역기능 가족 중에서 희생양 역할의 자녀가 가장 치명적인 상처를 입는 경우가 많다. 모든 불행의 원인을 이 희생양에게 전가함으로써 다른 가족은 평화를 유지한다.

세 번째는 '마스코트' 역할이다. 이들은 가족들을 즐겁게 해주는 역할을 한다. 역기능 가정 안에서 만연해 있는 긴장감을 완화하고 풀어주어서 가족들이 웃을 수 있도록 만든다. 마스코트는 농담을 잘하고, 유머 감각이 뛰어나다. 이들 때문에 가족들은 당면한 문제를 잠시나마 회피할 수 있다.

네 번째는 '돌보미' 역할이다. 이들은 자기희생을 통해서 가족을 행복하게 하려 한다. 나보다는 가족이 우선이고, 과도한 책임감을 가지고 있으며, 자신을 돌보지 않는다. 대립이나 갈등을 피하는 성향이기 때문에 부모와 싸우려 하지도 않는다. 이런 희생적인 자녀로 인해 가족 구성원들은 자신의 가정이 서로 사랑하고 희생하는 가정이라고 오해하기도 한다.

마지막으로, '잃어버린 아이'가 있다. 가족 구성원이 많은 경우에 생기는 유형으로 이들은 없는 듯 존재한다. 부모에게 미움을 받지도 않지만, 관심을 받지도 않는다. 혼자 자신만의 세상에서 살아가는 경우가 많다. 잃어버린 아이는 내가 느끼는 감정을 부정하고, 기분이 나빠지지 않기 위해서 노력한다.

역기능 가정의 아이들은 자신의 가정을 지키기 위해서 무의식적으로 이와 같은 역할을 수행하면서 자신을 바치는 경우가 많다. 그러나 자녀들이 이런 역할을 감당한다고 해서 역기능 가정이 기능 가정으로 변하지 않는다. 도리어 이런 기능을 감당한 자녀들만 상처를 받는 경우가 대부분이다.

한 자녀가 여러 개의 기능을 동시에 담당하는 사례도 많다. 미영 씨는 '영웅'과 '돌보미' 역할을 감당했다고 볼 수 있다. 그녀는 평생 가정을 지키기 위해서 필사적 힘을 다해 영웅이 되기도 하고, 돌보미가 되기도 했지만 안타깝게도 그토록 바랐던 변화는 일어나지 않았다. 지금이라도 자신의 한계를 받아들이고 본인이 할 수 있는 선까지만 역할을 수행하는 것이 좋다. 그래야 애증이라는 양가감정의 혼란에서 벗어날 수 있고, 더 오래 가족을 도울 수 있다. 혼자 아무리 허우적댄다고 해도 역기능 가정의 문제가 해결될 수 없음을 받아들여야 한다.

무사한 행복은 어디에서 비롯되는가

최고의 학벌을 가졌으나 한 번도 행복한 적이 없다고 말하는 미영 씨를 만나고 행복에 대해서 다시 한번 고민하게 되었다. 인류가 역사를 이룬 이후 행복에 대한 수많은 질문과 대답이 있었지만, 여전히 정해진 해답은 없다. 행복과 관련 있는 요소로 언급되는 것들은 건강, 돈, 명예, 자아실현, 가족, 학벌 등이 있지만, 그것들이 반드시 행복을 준다는 보장은 없다.

행복에 관한 연구 가운데 가장 나의 시선을 끌었던 것은 미국 하버드대학교 성인개발연구소의 장기 연구 프로젝트이다. 로버트 월딩어Robert J. Waldinger 교수가 이끌었던 연구팀은 75년간 724명의 삶을 추적 연구해 '행복'과 '만족감'에 관한 데이터를 분석한 결과를 토대로 행복에 관해서 설명했다. 이 연구는 가족, 친구, 공동체와의 관계가 친밀한 이들이 가장 행복한 사람들이라는 결론을 내렸다. 즉, 인생에서 행복을 결정하는 가장 중요한 요소는 돈, 명예, 권력 등이 아닌 '관계'라는 것이다.

나는 이 연구 결과에 매우 동의한다. 그동안 많은 내담자를 만나며 그들의 불행의 근원도 가장 가까운 사람이었고 행복의 이유도 가까운 사람이었다. 누군가를 사랑하거나 사랑받을 때 사람들은 행복해한다. 사람은 사람으로 인해 행복할 수 있는 존재가 맞다. 하지만 동시에 한 개인에게 중요한 관계라고 해서 전부 유익한 관계는 아니다. 나는 가족 때문에 불행한 삶을 살았던 이들 역시 수없이 만났다. 어느 사회든 사랑을 가장한 착취와 조종, 폭력이 적지 않았다. 힘이 되는 관계와 해가 되는 관계를 구분할 수 있는 지혜로운 눈이 필요한 이유다.

행복을 주는 친밀한 관계를 형성하기 위해 우선 자신과 친밀하게 지내야 한다. 스스로를 싫어하는데 어떻게 타인에게 다정할 수 있을까? 마음속 사랑의 우물이 메말라 버린 상태로 사랑을 나누어 줄 수는 없다. 자기 자신을 아끼고 사랑하는 것이 행복이라는 종착역으로 가기 위한 첫걸음임을 명심하자.

암 환자에게 필요한 건,
꽃 한 송이

몸 상태가 안 좋았는데 부모님 병간호를 하느라 검진을 미루다 병을 키웠어요. 유방암 3기였어요. 림프에도 전이가 돼서 항암 치료를 16번 했어요. 3주 주기로 했는데 항암만 1년이 넘게 걸렸어요. 지금은 많이 좋아져 다행이지만 처음에는 정말 괴로웠죠. 그때 전 완전히 다른 사람이었어요. 퉁퉁 붓고, 얼굴은 기미로 뒤덮이고, 몸에 있는 털은 모두 다 빠졌었죠. 발바닥 피부가 벗겨져 걷지도 못했고, 면역력이 떨어지니 이빨도 깨져 지금까지도 밴드로 묶어놨어요.

올케언니가 유방암에 걸렸었는데 잘 이겨냈거든요. 그래서인지 암이라는 진단을 처음 들었을 때는 덤덤했어요. '뭐, 나도 걸릴 수도 있지'라는 생각이 들었어요. 그런데 항암 치료를 시작한 후에는 예상한 것보다 훨씬 길고 고통스러우니 우울증이 왔어요. 상담사였던 저도 제 마음이 감당이 안 되더라고요.

암은 교통사고처럼 왔어요. 어느 날 제게 달려와서 갑자기 저를 덮치는 것처럼요. 교통사고가 조심한다고 피할 수 있는 게 아니잖아요? 예기치 않게 일어나니 암 선고를 받고 나면 암 환우들이 더 힘들어하는 것 같아요.

암은 정말 트라우마예요. 꽤 많은 암 환자들이 암에 걸린 사실을 주변에 알리지 않아요. 사람들이 나를 걱정할까 봐 염려하고, 동정할까 봐 부담스러워해요. 저는 주위 사람들에게는 털어놓았지만, 부모님께는 말하지 못했어요. 연로한 분들이라 충격받으실까 봐요.

가장 힘든 시간은 지나갔어요. 그렇지만 암에는 완치가 없는 것 같아요. 요양 병원에 있을 때, 회복되고 10년이 넘었는데 폐로, 뇌로, 뼈로 전이돼서 오는 분들을 많이 봤어요. 암 환자들은 평생 관리를 해야 한다는 현실을 용기 있게 받아들이고 조심해서 살아야 해요. 그 현실을 받아들이지 않으면 우울하고 불안하고 속상해서 살 수가 없죠. 하지만 현실을 인정하고 힘을 내서 살아보니 감사한 마음도 생기더라고요. 어쨌든 살았잖아요.

이제는 암 환자의 마음을 이해할 수 있어요. 암 진단을 받으면 일단 엄청난 감정의 소용돌이에 빠지고, 직장을 그만둬야 할지, 어디 가서 도움을 받아야 할지, 돌봐야 할 가족은 어떻게 해야 할지, 돈은 어떻게 마련해야 할지, 다 막막하고 혼란스러워요. 이럴 때 이 과정을 무사히 통과해 온 인생 선배들이 큰 도움이 되더라고요. 상담사로서 저도 그 역할을 해주고 싶어요. 암으로 고통스러워하는 이들에게 조금이나마 위로와 힘이 돼드리고 싶어요.

국내 암 경험자는 200만 명이 넘는다. 인간이 기대 수명까지 생존할 시에 암에 걸린 확률은 38%라고 하니, 세 사람 가운데 한 명 이상이다. 일본의 경우는 50%가 넘는데 우리나라 역시 머지않아 초고령 사회로 진입할 예정이기에 이 비율은 더 증가할 것으로 보인다. 본인을 넘어 가족이 암에 걸릴 확률까지 생각한다면 암으로부터 자유로운 사람은 누구도 없을 것이다. 다행스러운 점은 암이 더 이상 불치병이 아니라는 점이다. 암은 이제 고혈압, 당뇨 등의 만성 질환처럼 완치가 아닌 관리 차원의 질병이 되어가고 있다. 현재 국내 암 환자의 5년 이상 생존율은 70%를 넘어서고 있다.

그러나 암에 걸린 개인들은 여전히 육체적으로도, 정신적으로도 큰 고통을 받는다. 말기 암 환자 200명을 대상으로 심리 상담을 했던 정신과 의사 엘리자베스 퀴블러 로스Elizabeth Kubler Ross는 이들의 심리를 다섯 단계로 정리한 바 있다.

① 부정 ② 분노 ③ 타협 ④ 우울 ⑤ 수용

이 변화는 반드시 순서대로 겪는 게 아니다. 두세 가지를 동시에 겪을 수도 있다. 처음 암 선고를 받으면 사람들은 여러 병원에 돌아다니며 다시 진단받기를 원한다. 자신이 암에 걸렸다는 사실을 수용하기 어렵기 때문에 부정하는 것이다. 암이 확실하다는 사실을 받아들일 수밖에 없다면 다음 단계인 분노가 나타난다. '왜 하필 나지? 내가 뭘 잘못했는데!' 하는 생각이 머리를 지배하게 된다. 이 과정에서 의료진, 가족, 친구, 세상을 향해 직간접적인 적개심이 표현될 수 있다. 부정과 분노 초기 단계가 심리적으로는 가장 힘들지만, 다음 단계인 우울, 타협, 수용 역시 적잖게 고통스럽다. 타협 단계에서는 분노가 중단되고, 건강하게 해달라 요청하거나 시간을 더 얻고자 노력한다. 네 번째 단계인 우울에서는 증상이 악화되면서 자신이 할 수 있는 일이 거의 없음을 인정하게 되고 우울에 빠진다. 이 단계는 심리적으로 매우 힘들지만 자신의 죽음을 어느 정도 받아들이기 시작하는 시기이다. 마지막 단계가 수용이다. 이 시점에 온 이들은 결국 감정을 정리한다. 스스로 지쳐 있고 피곤하지만 동시에 평화로움과 평온함을 느끼게 된다. 남은 이들과 작별을 준비하는 시기이다.

암 치료 과정에서는 수면 장애, 적응 장애, 불안 장애, 우울증 등의 심리적인 문제들이 동반되어 나타나기도 한다. 당연한 현상이다. 정신적으로 통증을 호소하는 암 환자에게는 가족과 전문가의 정서적 지지가 꼭 필요하다. 마음을 다스릴 수 있어야 치료 의지가 생기고 면역력도 유지되어 암과 싸워낼 수 있지만, 당사자들이 심리적 문제까지 스스로 해결하기는 어렵다. 그들은 이미 심적으로나 육체적으로나 힘겹게 전쟁 중이기 때문이다. 그들을 돕고 싶다면 언제라도 마음을 터놓을 수 있도록 해주고, 의지해도 된다는 믿음을 안겨주는 게 중요하다. 마음 관리가 된 암 환자들의 치료 예후가 좋고 부작용이 덜하며 생존율이 높아진다는 연구 결과가 많다.

미국 국립종합암센터네트워크(NCCN)는 미국 모든 암 병원에 종양학 소속 정신과 의사를 배치할 것을 명시하고 있다. 암 환자에게 정신 건강 관리가 얼마나 중요한지를 알 수 있는 대목이다. '정신 종양학'이란 암이 환자의 정신 건강에 큰 영향을 미친다는 것을 인식하고 암 환자의 심리적·사회적·행동적 측면을 연구하는 학문 분야다. 국내에서도 대학 병원급 암 병동에서는 정신과 의사가 상주해 암 환자의 정신 재활을 돕고 있다.

지역 병원에서도 이런 흐름을 관찰할 수 있다. 개원 의사 1호로 정신 종양학적 관점으로 암 환자들을 돕고 있는 정신과 전문의 이광민 원장은 필자의 유튜브 채널에 출연해 "암은 '외상 후 장애'가 될 만한 고통스러운 병이지만 잘 극복한 후에는 '외상 후 성장'으로 변화될 수 있다"고 말한 바 있다. 잘 치료하고 관리하면 얼마든지 사회로의 복귀가 가능하다는 것이다.

암 환자의 스트레스에 큰 영향을 주는 또 다른 이유는 경제적인 부담이다. 암 진단 후 5년간의 치료비는 국가에서 지원해 주지만 대부분의 신약은 비급여 항목에 포함된다. 이런

약을 처방받으려면 한 달에 약값만 수백만 원이 드는 경우가 부지기수고, 심하면 억대로 넘어가기도 한다. 약값을 마련하기 위해 살던 집을 파는 의료 빈곤층을 뜻하는 '메디컬 푸어Medical Poor'라는 말도 있다. 반대로 치료에 큰 효과가 있는 신약이 나왔는데 도저히 그 치료비를 감당할 수 없는 상황도 있다. 그럴 때면 환자의 가족들은 슬픔과 죄책감에 빠질 수밖에 없고, 환자들의 마음도 복잡해진다.

건강 불평등의 문제 역시 여전히 크다. 2018년 통계청이 발표한 '2017년 사망통계원인'을 보면 2017년 암 사망자는 7만 8,863명으로 통계 작성 이래 가장 많았다. 이는 전체 사망자의 약 27.6%를 차지하는데, 암 사망률도 인구 10만 명당 153.9명으로 집계 이래 최대치를 기록했다. 한국보건사회연구원이 질병관리본부와 통계청의 조사를 바탕으로 발표한 보고서에서는, 소득·교육 수준에 따라 암 검진율과 사망률에서 큰 차이가 났다. 소득 수준을 다섯 단계로 나눴을 때 최상위 그룹의 위암 검진율은 65.3%였던 반면 최하위 그룹은 47.2%였다. 간암은 최상위 그룹은 36.9%였으나 최하위 그룹은 22.4%였다. 교육 수준에 따른 암 검진율 차이도 컸다. 특히 유방암에서 차이가 크게 났는데 40세 이상 인구에서 전문대 졸업 이상이 69.5%이었고, 초졸 이하는 56.3%였다. 대장암의 경우 65세 이상 노인에서 고졸 이상의 검진률은 50.9%였지만 초졸 이하는 37.5%로 크게 떨어졌다. 암 사망률도 교육 수준에 따라 최대 3배 가까이 차이가 났다.

또한 암 환자의 소득에 따라 초기 진단 시 암의 진행 단계 및 전이 여부에 분명한 차이가 발생한다는 조사 결과도 있다. 월 소득이 높을수록 비교적 암의 초기 단계에서 암을 진단받는 비율이 높았고, 소득이 낮을수록 3기 또는 4기에서 진단받는 경향이 많았다. 암 치료 환경의 비효율성 개선을 위한 국제 비영리 단체는 올캔All.Can의 한국 지부에서는 암 환자 495명을 설문한 결과, 증상 발생 후에 검사 후 진단받은 경우는 월 소득 300만 원 미만일 경우 44.4%였으나, 월 소득이 600만 원 이상일 경우 27%에 그쳤다. 600만 원 이상 소득 계층은 평소 개별 검진을 통해 증상 발현 전에 암을 발견했음을 뜻한다. 이렇듯 암을 진단받을 때의 병기(암의 진행 단계)와 전이 여부도 월 소득에 따라 차이가 났다. 가계의 월 소득이 600만 원 이상 환자는 1기에서 진단받을 비율이 57.8%였지만 300만 원 미만 환자는 35.5%에 그쳤다. 반면 3기와 4기에 암을 진단받는 환자의 비율은 대체로 월 소득이 낮을수록 높아졌다. 최초 진단 시 암이 전이된 상태였던 비율이 600만 원 이상은 8.4%, 300만 원 미만은 18.2%로 2배 이상이나 차이가 났다.

지금 이 순간에도 돈 때문에 치료를 포기하는 안타까운 사례가 우리 사회 곳곳에 자리하고 있다. 암 문제와 암 환자 지원에 더 적극적인 관심이 필요한 이유다. 동료 상담사였던 그녀가 덤덤하게 건넸던 말이 이 글을 정리하는 나의 마음을 여전히 뒤흔들고 있다.

"암에 걸린 지인들이 있다면 그냥 아무 말도 하지 마세요. 그저 같이 울어주세요. 여유가 된다면 맛있는 걸 사주거나 꽃을 보내주세요. 맛있는 거 챙겨 먹어라, 운동해라, 마음을 편히 가지라는 충고가 그때는 정말 듣기 힘들어요. 암 환자가 되면 그런 좋은 충고들을 품을 마음의 여유가 없거든요. 저도 지인이 보내준 소박한 꽃에 가장 큰 위로를 받았답니다."

질투심에 상대방이 망하길 바란다면

제 인스타그램 팔로워가 1만 명이 넘어요. 일반인치고는 많은 편이에요. 작년 한 해는 인스타 키우기에 시간, 돈, 에너지 다 몰두한 거 같아요. 팔로워가 1만 명이 넘으니까 광고 요청도 들어오고, 예쁘다는 댓글도 많이 달리고, 연락이 뜸하던 사람들한테도 연락이 와서 즐겁더라고요. 한동안은 유명인이 된 것 같아 기분이 좋았어요. 그런데 어느 날부터 우울해지는 거예요. '내가 왜 이러지?' 하고 고민해 보니까 '난 가짜니까'라는 결론이 나왔어요. 인스타그램에 몰두하면서 진짜 인플루언서들을 보게 됐거든요.

'나는 얼굴도 몸매도 다 보정해 바꾸는데 쟤들은 민낯이고, 나는 다 설정 샷인데 쟤들은 일상 자체가 화려하고 멋지구나'라는 생각이 드는 거예요. 그런 생각에 사로잡히면 종일 우울하고 스스로가 초라하게 느껴져요.

그 우울이 극에 달하면 성형외과나 피부과에 가요. 주로 쁘띠 시술을 하지만, 시간적 여유가 있으면 성형 수술을 하기도 하죠. 월급의 반은 관리에 쓰는 거 같아요. 인스타그램에 얼굴이나 몸매가 예쁜 사진을 올릴 때 칭찬 댓글이 제일 많이 달리거든요. 그런데 며칠은 기분이 좋다가도 며칠 지나면 죽고 싶을 정도로 우울해져요. 이런 게 조울증인가요?

얼마 전에 같은 직장에 다니는 동료가 결혼 발표를 했어요. 예비 남편이 직장도 좋고, 집안도 여유로워서 이 친구가 회사를 그만두고 신부 수업을 한다고 하더라고요. 요즘 세상에 신부 수업하느라고 직장 그만두는 사람이 어디 있어요? 신부 수업은 도대체 뭘 하는 거예요? 모두가 그 친구를 축하해 주는 와중에 제 기분은 최악이었어요. 사실 걔랑 저랑은 라이벌 같은 사이였거든요. 나이도 비슷하고, 외모도 회사에서 둘이 가장 눈에 띄었어요. 솔직히 말해,

뭐든 걔가 저보다 조금씩 더 나았어요. 능력도, 학벌도, 인기도요. 저는 축하해 주지 못한 채 그 친구를 슬슬 피하기만 했어요. 그런데 친한 언니가 저랑 커피를 마시면서 "예지야, 너 좀 노력해야겠다. 하영이가 결혼 엄청 잘하는 것 같더라. 이제 우리랑은 급이 달라지는 거지"라는 거예요. 그 순간 참지 못하고 언니한테 화를 내면서 자리를 박차고 나왔어요. 그리고 차로 가서 오열했죠.

제가 이렇게 사람들의 시선에 목을 매고, 남들이 잘되는 걸 배 아파하는 사람이 된 건 가정 환경 영향이 커요. 부모님이 결혼하셨을 때 엄마는 유복한 집 막내딸이었고 아빠는 가난한 집 수재였어요. 친가가 너무 가난하니까 외가에서 반대를 했는데 엄마는 그 반대를 무릅쓰고 아빠와 동거를 했어요. 그리고 저와 제 남동생을 낳았죠.

문제는 이런 용기 있는 결혼이 해피 엔딩이 아니었다는 사실이에요. 아빠는 머리가 좋았지만 게으른 한량이었고, 외도까지 했어요. 아빠밖에 없던 엄마의 삶은 불행했죠. 엄마는 생활이 어려우니 반찬 가게를 했는데 몇 년 전에는 위암까지 걸렸어요. 초기라서 다행히 완치되었지만 몸과 마음이 너무 고생했어요.

엄마는 어렸을 때부터 제게 "네가 엄마의 희망이다. 엄마 인생이 실패가 아니라는 걸 사람들에게 보여줄 수 있는 건 너밖에 없다"고 했어요. 사람들을 만나면 열 배쯤 과장해서 제 칭찬을 했어요. 반에서 1등을 했으면 전교에서 1등을 했다는 식으로요. 저는 늘 잘나야 했고, 인정받아야 했고, 엄마의 자랑거리가 돼야 했어요. 그렇지만 세상에 나와 보니 정신 승리만으로는 절대로 최고가 될 수 없더라고요.

누군가를 질투하게 되면 아주 미칠 것 같아요. 24시간 그 생각이 머리에서 떠나지를 않고, 그 사람이 망했으면 좋겠고, 심지어 죽었으면 좋겠다는 생각까지 든 적도 있어요. 이런 제가 싫고 힘들어요.

질투심은 누군가에게 솔직하게 털어놓기 힘든 감정이다. 솔직하게 말했을 때 사람들의 공감을 얻기보다는 비난을 받는 경우가 대다수이기 때문이다. 동시에 질투심에 관한 이야기는 결국 자신의 열등함을 시인하는 것이기에 본인의 마음도 괴로울 수밖에 없다.

질투가 삶의 동력을 끌어내거나 최소한의 자존감을 지키는 데 필요하다고 주장하는 심리학자들도 있다. 하지만 나는 질투심이 얻는 것에 비해 잃을 게 더 많은 감정이라고 생각한다. 자신에게 별로 큰 잘못을 하지 않은 사람이나 나를 모르는 사람을 질투하느라 에너지를 쏟는 것은 결국 에너지 낭비이자, 본인만 힘든 일이다. 마음의 평화와 안정이 행복의 기본 조건인데, 질투는 감정을 요동치게 하므로 행복의 상태와도 거리가 멀다. 누군가와 나를 비교하는 저울질도 끝나지 않는 게임이다. A를 질투해서 그를 넘어서면 더 센 B가 나타난다. B가 사라지면 더 잘난 C가 나타난다. 이렇듯 비교는 무한한 소모전이라고 할 수 있다.

물론 질투심은 인간이라면 으레 그렇듯 누구나 느끼는 자연스러운 감정 중 하나다. 질투심을 느끼지 않는 사람은 단언컨대 어디에도 없다. 나 또한 당연히 누군가에게 질투심을 느끼곤 한다. 다만 보통 사람들은 어떤 특정한 사안에 대해 한정된 잠깐의 시간 동안 질투심을 느끼지만, 머지않아 자신의 시기, 시샘에서 벗어나 일상에 충실해진다. 질투로 인해서 정신 병리가 생기거나 삶이 고통스러운 지경에 빠지지는 않는다.

멜라니 클라인Melanie Klein은 『Envy and Gratitude(시기와 감사)』라는 책에서 시기심은 초기 유아기부터 작용하는 감정이라고 설명하며, 자신의 생명을 유지해 주는 대상까지 파괴하고자 하는 공격성이라고 했다. 이 공격성이 위험한 까닭은 존경하고 사랑하는 대상에게까지도 날카로운 화살이 향한다는 사실이다. 예를 들어 좋은 것(젖)을 좋은 대상(엄마)이 가졌기에 그녀를 파괴하고 싶어 아기가 젖꼭지를 깨물어 버리는 식이다. 나에게 도움을 주는 좋은 대상까지 파괴하려는 감정이기 때문에 이것을 잘 극복하지 못하면 정신 병리로 연결될 수 있다.

예지 씨는 일상생활이 어려울 정도로 질투심에 사로잡혀 있다. 질투심이 생기면 24시간 내내 괴로웠고 결국 우울해졌다. 그녀는 질투의 대상이 망가졌으면 좋겠다고 생각하고, 심지어 세상에서 없어지기를 바랐다. 부정적인 생각에 사로잡힌 예지 씨의 마음이 힘들고 지치는 것은 당연했다. 누군가를 시기하고 미워하는 데 에너지를 다 쓰니 지칠 수밖에 없는 데다가, 자책감과 죄책감도 느껴야 하니 얼마나 힘들었을까.

요즘은 SNS로 인해 정신적 스트레스 및 피로를 호소하는 사람들이 많다. 가장 화려하고 좋은 모습만 보여주려고 하는

SNS의 특성상 사람들은 게시물을 보면서 '저 애는 나와 동갑인데 벌써 저런 비싼 차를 타는구나', '재는 노력하지 않아도 부모로부터 받은 유산이 많아 저렇게 화려하게 지내는구나', '이 사람은 타고난 외모라 특별해서 모두가 특별 대접을 해주는구나'라는 비교 의식에 사로잡힌다.

직업이 상담사인 나는 사람이 보여주는 모습이 전부가 아니라는 사실을 잘 알고 있다. 많은 이들의 속마음을 들으면서 정말로 돈이 많다고, 얼굴이 예쁘다고, 인기가 많다고 삶이 편하거나 행복하지 않다는 것을 수없이 알게 되었다. 당연히 SNS에서 보여주는 모습도 그 사람의 전부가 아니다. 그러나 많은 이들, 특히 젊은 세대들은 눈에 보이는 외피가 전부라고 믿는 경우가 많다. 이런 사고로 화려하고 행복해 '보이는' 사람들의 일상을 보면 그들과 초라한 자신의 삶을 비교하며 열등감을 느끼기 쉽다.

2018년 엠브레인이 실시한 'SNS 이용 및 피로 증후군 관련 인식 조사' 결과, 국내 SNS 이용자 중 36.7%는 SNS 게시물이 자기 과시적 성향을 보인다고 응답했다. 사람들이 행복하고 풍요로운 모습만을 보여주고 싶어 한다는 이유에서였다. 그런데 이런 자기 과시적 게시물은 올리는 이나 보는 이 모두에게 상당한 피로감을 준다. 참자기True Self* 모습이 아닌 거짓자기False Self**의 모습으로 과도하게 기능해야 할 때 사람은 스트레스와 압박감을 느낀다. 과시적인 게시물을 보는 이들도 피로하긴 마찬가지다. 자신의 처지와 비교하며 상대적 박탈감을 느끼고 이는 우울증까지 일으킬 수 있다.

실제로 미국 피츠버그 의과대학 연구팀이 만 19~32세 성인 1,800명을 대상으로 실시한 'SNS 이용과 우울증 관계에 대한 설문 조사' 결과, SNS 사용 빈도가 높을수록 우울증 발병 위험도 증가하는 것으로 나타났다. 조사에 따르면 SNS 이용 시간 및 접속 횟수 기준 상위 25% 이용자의 우울증 발병 위험은 하위 25% 이용자보다 최소 1.7배에서 2.7배 높았다. 해당 연구팀은 우울증이 발병되는 이유로 타인의 게시물을 보며 자신의 현실을 비관하고 상실감을 느껴서라고 설명했다.

* 참자기란, 도널드 위니컷(Donald Winnicott)이 처음으로 사용한 용어로 주관적인 자기 느낌을 통해 통합과 연결된 성격적 측면을 말한다. '타고난 잠재력'을 의미한다.

** 거짓자기 역시 도널드 위니컷의 용어로, 참자기와 대치되는 단어이다. 자신의 타고난 잠재력을 인정하거나 중요하게 여기지 않고 대상의 요구에만 초점을 맞추어 행동하는 성격적 측면을 일컫는다.

그렇다. 질투라는 감정의 가장 큰 폐해는 자신을 사랑하지 않는다는 사실을 스스로 드러낸다는 것이며, 점점 더 자신을 사랑하지 않게 된다는 점이다. 질투가 빼앗아 가는 가장 중요한 것은 나 자신을 사랑하는 마음이다. 가지고 있는 모든 에너지를 타인에게 쏟음으로써 자신에게 쏟을 에너지가 고갈된다.

예지 씨에게 "당신은 당신을 좋아하나요? 본인이 정말로 원하는 것이 무엇인지, 본인에게 소중한 것이 무엇인지, 이루고 싶은 것들은 무엇인지 알고 있나요?"라고 물었다. 예지 씨는 한참을 고민하다가 "저는 자신을 좋아하지 않아요. 제가 정말로 원하고 소중하고 이루고 싶은 게 뭔지 모르겠어요"라고 대답했다. 그녀는 남을 질투하므로 괴로웠던 것이 아니라 자신을 사랑하지 않기에 고통스러웠던 것이 아닐까?

우리는 누구나 자신에게 집중해야 한다. 세상에서 가장 소중한 존재는 나 자신이 되어야 한다. 하나뿐인 유일무이한 '나'를 두고 다른 이에게 몰두해 사는 것은 어리석은 시간 낭비에 불과하다. 또한 비교와 경쟁 문제는 심리적인 동시에 사회 전반 분위기의 문제다. 우리 사회는 심각하게 경쟁을 조장하고 비교하는 사회다. 무한 경쟁 사회 속에서 몇이나 평화롭게 살아갈 수 있을까? '저들이 쉽게 가진 것을 나는 아무리 발버둥 쳐도 가질 수 없다'라는 절망감은 무력감과 분노로 이어질 수밖에 없다.

최근의 '국민건강' 조사를 보면, 우울 위험은 20대 여성에게, 자살 생각은 20대 남성에게 가장 높게 나타난다. 현재 20대는 우리나라 역사상 가장 심각한 수준의 경쟁을 강요당한 세대다. 누군가와 경쟁하고 비교되며 쫓기듯 성장한 세대들이 성인이 되고 난 후에는 우울, 절망, 탈진, 시기, 불안 등 수많은 마음의 문제로 고통스러워하고 있다. 다른 이들보다 잘나야 가치 있는 삶이라는 사회적 분위기와 태도는 변화되어야 한다.

내 마음속에 있는 '어린 나'를 가르칠 시간

한마디로 저는 '집착녀'예요. 고등학교 때 만난 첫사랑을 포함해서 20대 후반이 된 지금까지 4명을 사귔는데 전부 제 집착 때문에 끝났어요. 지금 만나는 사람과도 요즘 안 좋은데 지금 남친도 저를 떠날까 봐 불안하고 무서워요. 썸을 탈 때는 집착하지 않는데 정식으로 사귀면 갑자기 소유욕이 생겨요. 그의 일거수일투족이 다 궁금하고, 연락이 2~3시간 안 되면 화가 나기 시작해요. 오만 가지 상상을 하다가 연락이 닿으면 화를 내고, 소리 지르고, 울기도 해요. 만났던 남친들이 몇 달이 지나면 다들 도망가더라고요.

저번 주에도 남친에게 핸드폰 비밀번호를 알려달라고 했다가 크게 싸웠어요. 저는 그의 모든 것이 알고 싶어요. 그렇지 않으면 더 집착하게 되고, 안절부절못하게 돼요. 친구들은 "일에 몰두해라", "취미를 가져라", "자기 계발에 시간을 써라"라고 조언하지만 남친을 사귀기 시작하면 다른 것에는 흥미가 없어져요. 밤낮으로 남친하고만 붙어 있고 싶어요. 그 사람이 저랑만 놀아줬으면 좋겠어요. 20대 초반에 이별 후 너무 괴로워서 심리 상담을 받은 적이 있었는데, 그때 상담 선생님이 제 집착이 애정 결핍과 관련이 있다고 하더라구요. 이 애정 결핍에는 가족의 영향이 컸어요.

아빠는 평생 가정에 관심이 없으셨어요. 매일 일 핑계로 밖으로만 돌아다니셨죠. 엄마에게 무관심했던 것은 물론이고 우리 자매의 학교생활에도 관심이 없었어요. 4년을 아빠 혼자 외국에 나가서 지낸 적도 있으니까요. 엄마는 화를 내고 울기도 하고, 이혼하자고 협박도 해봤지만 아빠는 변하지 않았어요. 그로 인해 엄마는 우울증과 위장병을 달고 사셨어요. 엄마는 우리 자매에게 몰두했고, 그 결과 우리 집 세 여자는 한 덩어리처럼 살았어요. 엄마가 원하는 대로 전적으로 순종하며 컸거든요.

엄마는 헌신적인 분이었어요. 모든 결정이 우리를 위한 것이었으니, 엄마에게 맞춰 사는 것이 그리 힘들지는 않았어요. 물론 좋았던 건 아니에요. 언니는 엄마가 불쌍해서 그랬다는데 저는 갈등을 만들고 싶지 않아서 그랬어요. 그러고 보니 제가 엄마의 모습을 닮은 걸까요? 주지 않는 사랑을 갈구하면서 굶주리는 거 말이에요. 아, 정말 싫네요.

사랑과 집착은 전혀 다른 범주에 있다. 사랑은 하는 사람도 받는 사람도 행복하지만, 집착은 자신도, 타인도 모두 망친다는 점에서 위험하다. 연인 사이에서 보이는 소유욕 정도로 집착이 끝나기도 하지만, 하루가 멀다고 뉴스에서 접하는 스토킹 범죄, 데이트 폭력, 가정 폭력 같은 범죄의 원인이 되기도 한다.

이렇게 소모적이고 괴로운 집착을 왜 하는 것일까? 나는 예전에 한 방송국에서 진행하는 다큐멘터리에 참여한 경험이 있다. 인간관계에 집착하는 이들을 연구해 원인을 밝혀내는 프로그램이었다. 집착의 원인으로는 이 두 가지가 가장 많았다. 첫 번째는 어린 시절 부모님과의 애착 형성 실패였고, 두 번째는 누군가를 사귀었던 경험에서 야기된 불신이었다. 가장 애정하고 나에게 중요한 대상의 관심과 사랑이 간절했을 때 이것이 충분히 제공되지 않았거나 철회되면 결핍이 생기고, 결핍된 것을 다시 얻고자 하는 욕구에서 집착이 발생했다고 해석할 수 있다.

수애 씨의 문제를 '애착 이론'으로 살펴보겠다. 영국의 정신의학자 존 볼비John Bowlby에 의하면, 애착은 아동이 부모에게 가지는 강하고 지속적인 유대감이다. 아동기 초기에 양육자가 아기의 필요와 욕구에 적절하게 반응해 주고, 애정과 지지를 건네면 아기는 안정적인 애착을 형성하게 된다. 반면, 양육자가 아기의 신호에 적절히 반응하지 못하면 아기는 불안정한 애착을 형성하게 된다.

애착이 중요한 이유는 인간의 일평생에 지대한 영향을 미치기 때문이다. 안정 애착을 형성한 이들은 성인이 되어서도 편안한 성격과 안정된 인간관계를 형성하고, 타인과 협동을 잘하고 매사에 긍정적이다. 그러나 불안정 애착을 형성한 이들은 심리적으로도, 인간 관계에서도 많은 어려움을 겪게 된다. 불안정 애착형 사람 중에는 어렸을 때 못 받은 인정과 사랑을 채우기 위해서 일평생 여러 사람을 찾아다니며 애정을 갈구하는 사례가 많다. 그런데 문제는 아무리 많은 사람을 만난다고 해도 근본적인 허전함이 채워지지 않는다는 것이다. 대체할 수 있는 다른 대상을 찾으려고 애쓰지만 결국 성과 없이 원점으로 돌아오는 상황을 반복한다. 여러 번 그런 과정을 겪으면서 기대는 상처가 되고 희망은 좌절이 된다. 문제를 해결하기 위해서는 우선 자신의 애착 패턴을 객관적으로 파악해야 하는데, 애착 문제는 부모님의 영향이 막대하기에 부모님의 애착 형태도 함께 살펴보면 더 유익하다.

수애 씨의 아버지는 '회피형 불안정 애착', 어머니는 '혼란형 불안정 애착', 수애 씨는 '불안형 불안정 애착'의 형태로 보인다. 회피형 불안정 애착을 가진 사람은 타인과 친밀하게 지내기를 원하지 않는다. 누군가에게 감정을 표현하는 것이 어려우므로, 형식적인 대인 관계에만 머문다. 불안형 불안정 애착은 버림받을 수 있다는 불안감에 두려워하고 상대방에게 집착하는 모습을 보인다. 대인 관계에서도 상대방이 자신을 사랑하고 인정하며 보살펴 주기를 바라는 심리가 크고, 좋아하는 사람에게 지나치게 몰두하고 매달리는 경향이 있다. 혼란형 불안정 애착은 두 가지의 특성을 다 보인다. 수애 씨의 아버지는 사랑해서 했던 결혼이었음에도 평생 가족을 보호하고 사랑하는 의무에 충실하지 않았고 친밀한 관계에서 회피했다. 어머니는 이런 아버지에게 절실함과 원망의 감정으로 매달리다 냉담해지기를 반복했고, 아이들에게는 집착에 가까운 양육을 했다. 그 사이에서 수애 씨는 부성 결핍과 모성 집착을 동시에 느끼며 불안 속에서 성장했다.

다행스러운 점은 애착 문제는 수정되고 변화할 수 있다는 사실이다. 물론 어린 시절에 형성된 뿌리 깊은 문제이니 쉽지만은 않다. 가장 먼저 자신의 불안정 애착 패턴을 객관적으로 파악해야 한다. 불안정 애착으로 인해 반복되는 문제점을 인정하고, 집착 등 인간관계에서 나타나는 부정적인 행위를 중단하도록 노력해야 한다.

사실 가장 좋은 방법은 안정 애착형 사람과 만나, 안정적 형태를 이루며 지내는 것이다. 나는 안정적인 애착 형태를 가진 사람과 결혼해 불안정 애착 패턴에서 벗어난 사람을 여럿 봤다. 결혼이라는 안정적인 구조 속에서, 안정 애착형 배우자의 편안함과 평화로움에 영향을 받고, 배우자의 관심과 사랑을 받아 결핍이 채워지는 것이다. 배우자는 부모에 버금가는 중요 대상이다. 하지만 안타깝게도 불안정 애착으로 괴로워하는 이들이 이렇게 이상적인 결말로 이어지는 사례가 드문 까닭은 불안정 애착을 가진 사람이 안정 애착인 사람을 선택하는 경우가 많지 않기 때문이다. 불안정 애착을 가진 이가 운 좋게 안정 애착형 상대를 만난다고 해도 회피나 집착 등의 병적인 증상이 시작되면 그 관계는 결국 깨질 수밖에 없다.

결국 집착에서 벗어나기 위해 가장 중요한 것은 타인에게 의존하기보다 자신이 스스로를 돌보고 가르쳐야 한다는 사실이다. 집착 대상에게 쏟았던 힘과 에너지를 본인에게 사용해야 한다. 우선 누군가가 절실히 필요하고, 그에게 집착할 수밖에 없었던 나의 외로움과 불안감을 공감하고, 수용해 주어야 한다. 타인에게 말하듯 자신을 위로해도 좋다. '누군가를 절실하게 원한 것은 어쩔 수 없었던 것이지 네가 나빠서가 아니야', '네가 얼마나 외로웠는지 나는 알아', '그때 받았던 상처를 다시는 받지 않고 싶었던 것은 당연한 거야'. 나를 위로하고 이해하기가 어렵겠지만 하다 보면 상당히 강력한 힘이 있음을 알 수 있다.

동시에 마음속 어린 나를 가르쳐야 한다. 상처받은 마음을 수용하고 받아들이는 것만큼이나 어린 욕망을 제어하고, 조절하는 것이 중요하다. 이때도 자신에게 다정히 건네는 말은 도움이 된다. '집착해서 얻을 수 있는 것은 하나도 없어. 도리어 더 힘들어진다는 것을 네가 가장 잘 알잖아', '집착은 독립적인 성인이 할 행동이 아니야. 너는 이제 아이가 아니야. 너는 어른이고, 너의 삶을 스스로 책임져야 해'. 자신을 깨닫게 하는 말(방법)이라면 무엇이든 좋다. 수용과 분석 그리고 교육의 과정은 지루하고 힘들지만, 포기하지 않고 한 걸음씩 자신을 양육하다 보면 조금씩 편안하고 성숙한 모습으로 성장하게 될 것이다.

건강한 이들과 새로운 관계 경험도 추천한다. 잘 찾아보면 좋은 친구, 좋은 상담사, 좋은 멘토 등 도움이 될 사람들이 주변에 분명 있다. 중요한 것은 집착하지 않고, 밝고 편안하게 만날 수 있는 사람들을 찾아야 한다는 사실이다. 이성 만남은 이 만남에 포함되지 않는다. 이성적 관계는 언제라도 집착과 회피, 불안으로 연결될 가능성이 크다. 편안하고 자연스러운 인간관계를 내면화한 다음에는 집착하지 않는 사랑의 자유와 기쁨을 누릴 수 있을 것이다. 집착을 하는 사람이라면 누구나 사랑은 잠시 미루어 둘 일이다.

불안해 미칠 것 같은 마음을 다스리는 법

20년간 달려왔어요. 회사에서는 인정을 받습니다. 내년에는 제가 임원이 될 거라고 말하는 분들도 많아요. 문제는 제가 숨기고 있는 심각한 내적 긴장감과 불안이에요. 저는 한 번도 저에게 만족한 적이 없습니다. 남들이 잘했다고 칭찬해 주면 겉으로는 웃지만, 속으로는 '거짓말이야. 칭찬하고 싶지도 않으면서 괜히 띄워주는 거야'라고 생각해요. 수치로 좋은 결과가 나와도 잘했다는 생각이 들지 않아요.

겸손하다고 생각하실 수 있는데 그게 아니에요. 저는 사실

거만한 편이에요. 좋은 성과를 내서 다들 술을 마시러 갈 때도 저는 각종 핑계를 대고 집으로 돌아와 다음 일을 구상해요. '너희가 나를 해이하게 만들어서 무너뜨리려고 해도 나는 무너지지 않아'라고 생각하죠. 병적인 완벽주의자 같아요.

타고난 성격일 수도 있겠지만, 부모님이 두 분 다 엄격하셨어요. 선생님이었던 어머니가 저녁에 집에 오실 때 한 번 긴장하고, 공무원이었던 아버지가 오시면 한 번 더 긴장하는 식이었어요. 장남인 저에게 특히 엄격하셨기에 늘 마음 놓을 수가 없었어요. 친구들은 1등을 하면 자전거 선물도 받던데 저는 1등을 해도 "운이 좋은 걸 실력이라고 착각하지 말고 계속 노력해라"라는 말을 들어야 했어요.

오래된 기억이 하나 있어요. 초등학교 2학년 때인가 받아쓰기 시험을 완전히 망쳤는데 그날 저녁 시험지를 본 어머니가 "이런 바보는 필요 없으니 그냥 굶어 죽든가 창문 열고 뛰어내려 죽어버려라"라고 말씀하셨어요. 그때부터 공부는 목숨을 걸고 해야 한다고 생각했던 것 같아요.

다행스럽게 저는 명문대에 입학했고, 우수한 성적으로 졸업했어요. 대기업에도 입사했고, 회사에서 만난 아내와 단

란한 가정도 꾸렸어요. 이런 경력이 그럴싸하게 보일지 몰라도 사실 제 내면은 전혀 그렇지 못해요. 불안한 모습을 들키기 싫어서 어려서부터 포장을 했어요. 부모님에게도, 아내에게도, 친구에게도 제 속을 제대로 털어놓은 적이 없었습니다.

저에게 긴장이란 풀어지지 않는 성질이에요. 아무리 피곤해도, 심지어 자고 있을 때도 긴장해 있어요. 스트레스가 과도하게 심할 때는 숨이 제대로 쉬어지지 않은 적도 몇 번 있었어요. 구석으로 가서 벽에 머리를 기대고 한참을 앉아 있으면 가라앉더군요. 공황 장애일까요? 지난주에는 치과에 갔더니 양쪽 어금니에 금이 갔다고 하더라고요. 의사가 "도대체 얼마나 이를 악물고 살기에 이러냐"고 물었는데 픽 웃고 말았어요.

치료를 받아야겠다고 마음을 먹은 결정적인 계기가 있어요. 이 일을 고백하기까지 저에게는 큰 용기가 필요했어요. 올해 초 내시경 검사를 하느라 수면 마취를 했어요. 아는 병원에서 VIP 대우를 해줘서 개인실에서 수면 마취를 했어요. 프로포폴을 사용했죠. 그런데 잠이 드는 순간 긴장감이 '툭' 하고 풀리는 거에요. 자고 일어나니 전에 없이 개운했어요. 신세계를 경험한 듯한 느낌이었죠.

그 후 미뤘던 건강 검진을 하면서 프로포폴을 세 번 더 맞았어요. 지금도 긴장을 풀고 푹 자고 일어나고 싶다는 생각이 들어요. 이러다가 프로포폴 중독이 되는 것은 아닐까요? 불안해 미칠 것 같아요. 아직까진 의지력으로 통제하고 있지만 언제라도 무너질 듯 제 삶은 위태롭습니다. 저는 어떻게 해야 하나요?

불안은 어떤 위험이나 부정적 사건에 직면했을 때 발생한다. 인간이라면 누구나 느끼는 감정이며, 때로는 이 불안이 우리를 보호하기도 한다. 야생에 사는 토끼를 떠올려 보자. 만약 토끼가 불안감을 느끼지 못한다면 금방 큰 짐승의 먹이가 되겠지만, 토끼는 불안감을 느낄 수 있어 소리에 반응하고 도망칠 수 있다. 사람도 마찬가지다. 불안을 느끼면 우리 몸에서는 아드레날린 호르몬이 분비되고, 그것이 생존 본능을 자극해 스스로를 보호한다.

문제는 이 불안감이 과도할 때다. 과도한 불안감이 원인이 되어 나타나는 심리적 문제들은 다양하다. 범불안 장애,

각종 공포증, 공황 장애, 강박증, 외상 후 스트레스 장애 등이 포함된다. 불안이 원인이 된 심리적 문제는 대부분 어린 시절 경험했던 특정 사건이나 환경과 관련 있다. 극심한 공포를 경험했다던가, 사랑하는 존재와 갑작스러운 이별을 맞았다거나, 크게 망신을 당해 수치심을 느꼈다거나, 아니면 감당하기 어려운 스트레스 환경 속에서 자랐다거나 하는 상황들을 예로 들 수 있다.

민준 씨의 경우에는 학창 시절의 긴장이 불러온 불안과 공포를 느끼지 않기 위해 자신을 경쟁 속으로 몰아넣었다. 그 과정에서 완벽주의 성향이 형성되었다. 어린 민준을 공부하도록 채찍질했던 사고는 '공부를 잘하지 못하면 나는 존재하지 말아야 해. 1등이 되지 못하면 우리 가족은 나를 사랑하지 않을 거야'와 같은 것들이었다.

완벽주의자들은 늘 '조금만 더'라는 생각의 감옥에 갇혀 있다. '조금 더 공부를 잘하면 인정받을 거야', '조금 더 성과를 내면 쉴 수 있어'라고 생각한다. 그러나 아무리 본인이 잘한다 해도 부족함을 느끼면서 항상 '조금 더' 잘해야 하니 이들은 결국 온전한 만족감을 느낄 수 없다. 완벽주의자들의 삶에는 비극이 예정되어 있다.

또한 완벽주의자들은 두려움에 취약하다. 완벽주의적 행동을 일으키는 요인은 일에 대한 충만한 열정이나 도전 의식이 아닌 두려움이라는 사실을 직시할 필요가 있다. 인정받지 못할 거라는 두려움, 버려질지도 모른다는 두려움, 가난해질 수 있다는 두려움 등이다. 민준 씨 역시 마찬가지다. 처음에는 아무것도 해내지 못할까 봐 불안해서 달렸고, 해내고 나면 나태해지거나 뒤처질까 봐 불안해서 또 달렸다. 어금니가 깨지고 공황 장애가 왔는데도 쉬지 않고 일했다.

'불안한 마음'은 안타깝게도 얌전히 가만히 있지 않는다. 오히려 불안을 해소하기 위한 행동을 불러일으킨다. 이것을 '행동화行動化'라고 한다. 이 행동화가 운동, 명상, 상담, 건강한 관계 형성과 같은 좋은 방향으로 일어나면 좋겠지만, 많은 이들이 불안을 다스리는 방법으로 음주, 도박, 마약과 같은 중독, 쾌락, 자해의 방향을 선택한다. 민준 씨 역시 본인이 프로포폴에 빠질까 크게 염려하는 상태이니 매우 위태로운 상황이라고 볼 수 있다.

불안의 반대말은 평안이다. 마음의 평안은 부모와의 건강한 관계 경험 속에서 생성된다. 아이들은 자신을 사랑해 주는 부모의 애정 어린 눈빛과 사랑이 깃든 행동 표현에서 '아, 나는 괜찮은 사람이구나' 확신하고, 언제나 근처에서 보호해 주는 대상이 있다는 믿음으로 안심하며 지낸다. 이렇게 평안하게 자란 아이들은 사회에 나가서도 다른 사람들이 부모님처럼 자신을 좋아할 것이라 여기며 타인에게 인정받고 사랑받기 위해 지나치게 애쓰지 않는다. 그리고 자신의 일상을 평안하게 지내며 특별한 일이 일어나지 않는 한 각성되거나 과도하게 긴장하지 않는다.

인생에서 좋은 대상을 만났을 때 불안했던 마음이 평안해질 기회를 얻게 될 수도 있다. 좋아하는 친구나 사랑하는 연인과의 관계에서 계산 없는 지지와 위로, 사랑을 주고받을 때가 대표적인 예시다. 하지만 안타깝게도 완벽주의자들은 민준 씨처럼 친구에게도, 아내(연인)에게도 자신의 속마음을 보여주지 못하는 경우가 많다. 가장 친밀한 이들과 함께할 때도 '내가 똑똑하거나 유능하지 못하면 저들도 나를 좋아하지 않을 거야'라는 불안에 빠져 있기 때문이다.

완벽주의자들은 먼저 자신의 불안을 인정하고 수용할 필요가 있다. 불안은 피하고 싶은 고통스러운 심리일 뿐 죄가 아니다. 누구나 불안과 두려움을 느끼며 살아가고 있다. 대부분의 사람은 자신의 불안을 인정하고, 누군가에게 자신의 불안함에 대해서 토로하고 도움을 받는다. 누군가에게 솔직히 말하는 것만으로 크게 해소될 수 있다. 그러나 완벽주의자들은 자신의 불안함을 드러내기를 두려워한 나머지 숨기기 때문에 점점 더 내면이 곪고 악화된다. 민준 씨를 고통스럽게 하는 공황 장애와 약물 중독에 대한 위험이 그 부분을 잘 보여준다. 불안을 동력 삼아 성공을 향해 달려가기에는 한계가 분명하다.

다행히 불안이나 불안 장애는 정신과적 문제 중에도 가장 치료 가능성이 크다고 평가된다. 약물과 생물학적 치료, 인지적 접근, 정신 분석 치료, 행동적 접근, 노출 치료, 이완·명상 치료 등에서 모두 큰 효과를 보인다. 불안한 자신의 마음을 숨기는 것은 도움이 되지 않는다. 인생이라는 장거리를 잘 달리기 위해서라도 자신의 마음을 먼저 돌봐야 한다.

너 나 할 것 없이 모두가 불안에 떠는 사회

현재의 대한민국은 세계 10위권의 경제 대국이다. 참으로 자랑스럽고 기쁜 일이다. 이 정도라면 국민이 행복해야 할 듯도 한데 전혀 그렇지 않다는 사실이 안타까울 뿐이다. 통계청이 발표한 '국민 삶의 질 2022'에 따르면, 팬데믹이 끝나가며 환경·고용·건강 등의 항목은 다소 개선되었지만, 여가·주거·가족 공동체 영역은 악화된 것으로 나타났다. 유엔UN의 '세계행복보고서'를 통한 국제 비교에서 한국인의 삶에 대한 만족도는 OECD 국가 기준 꼴찌 수준이었다. 2019년부터 2021년까지 3년 동안의 평균값으로 비교했을 때 우리나라 평균은 5.9점으로 OECD 평균치 6.7점보다 크게 낮았다. OECD 38개국 가운데 36위에 불과한 수준이었다. 한국보다 삶의 만족도 점수가 낮은 나라는 튀르키예(4.7점)와 콜롬비아(5.8점) 뿐이었다.

감소세에 있던 자살률도 2021년 인구 10만 명당 26명으로 소폭 상승했는데, 노령층의 자살률은 70대 41.8명, 80대 61.3명으로 매우 심각한 상황이다. 청년층도 위기다. 2021년 20대의 사망 원인 중 1위가 자살이다. 건강 보험 심사 평가원에 따르면 20대 우울증 환자는 2017년에서 2021년까지 7만 8,016명에서 17만 7,166명으로, 불안 장애 환자는 5만 9,080명에서 11만 351명으로 급증했다.

나는 요즘 우리 사회를 '불안 사회'라고 명명한다. 현재 우리 국민을 가장 힘들게 하는 정신적 증상이 다름 아닌 불안이다. 우리 사회에 불안하지 않은 세대가 없다. 10대는 대학에 떨어질까 불안하고, 20~30대는 취업이나 결혼 등 개인적인 미래로 불안하고, 40~50대는 아이들의 교육 부담을 안은 채 구조 조정으로 퇴출되지 않을까 불안하고, 60대가 넘으면 노후의 삶 자체가 불안하다. 이 불안의 원인은 총체적이다. 빈부 격차, 무한 경쟁, 불안한 미래, 저출산 초고령 현상, 학벌주의, 노후 빈곤 등 수많은 원인이 있다.

10위 경제 대국이라는 위상에 맞게 사회의 아픈 곳을 들여다볼 때다. 외형적 성장에 초점을 맞추어 화려한 발전을 이루었지만, 정작 그 발전을 이룬 국민의 삶과 마음은 병들고 말았다. 이제는 질적 성장을 이루어야 할 때다. 불안해하는 국민에 대한 개인적 차원의 심리 처방은 물론이고, 사회적 차원의 개혁이 반드시 필요하다. 어쩌면 우리 모두 두려움에 떨며 공부하고, 성과만 보고 달리느라 쉬지 못하고, 성공 근처에 갔지만 여전히 두려운 또 다른 민준 씨가 아닐까.

남은 인생
어떻게 살아가야 합니까

전자 관련 대기업에 다닐 때는 나름 좋았어요. 분주한 나날들이었고, 급여도 넉넉했어요. 아내 역시 직장에 다녔기에 경제적 어려움은 전혀 없었어요. 맞벌이라서 아파트도 일찍 샀고, 저축도 제법 해놓았어요.

5년 전에 두 살 어린 아내가 저보다 한 해 일찍 퇴직을 했고, 제가 이어서 은퇴를 했어요. 은퇴 이후의 삶을 미리미리 생각해 놓아야 했는데, 돌아보면 아무런 준비 없이 은퇴하게 된 게 가장 아쉬워요. 은퇴 이후 첫 1년은 좋았어요. 느긋하게 하루를 즐기고 해외여행도 아내와 함께 떠나니 참 좋더라고요.

은퇴하고 두 해가 지난 다음 아내가 갑자기 세상을 떠났어요. 하늘이 무너지는 느낌이더라고요. 우리 부부는 아이가 없어서 서로 무척 각별했어요. 아내 장례를 치르고 정신을 차려보니 상당히 당황스럽더라고요. 아침에 일어나도 주위에 아무도 없고, 약속이 없는 날에는 혼자 점심을 먹어야 하고, 저녁 또한 주로 혼자 먹으려니 참 쓸쓸했어요.

이러면 안 되겠다는 생각이 들어서 친구들과 산에 다니기 시작했어요. 북한산도 가고 관악산도 가고 서울 인근 산은 모두 간 것 같아요. 그런데 산행을 마친 후 점심을 먹는데 술을 함께 마시다 보니 나중에는 산행을 하러 가는 건지 술을 먹으러 가는 건지 모르겠더라고요. 그래서 혼자 산에 다니기 시작했어요. 나 홀로 산행은 구속을 받지 않아서 좋지만, 아무래도 쓸쓸함마저 피할 수 없지요.

시간이 많다 보니 유튜브를 자주 보게 돼요. 처음에는 다양하게 시청했는데, 시간이 흐를수록 정치 분야에 집중하게 됐어요. 친구들 가운데 어떤 이들은 유튜브를 보고 집회에도 참여하던데 저는 그러하진 않았어요. 저 역시 기성 정치권이 마음에 들지 않지만, 그래도 정치는 정치권에 맡겨야 하지 않나 생각되거든요. 요즘은 정치 관련 분야보다는 흘러간 노래들을 모아 놓은 채널에 들어가서 음악을 많이 듣고 있어요. 건강 관련 채널도 자주 방문하는 편이에요.

책은 많이 읽지 못해요. 젊은 시절에는 공부도 열심히 했지만, 중년 이후 책하고는 담을 쌓고 살아왔기 때문이지요. 그래도 재밌게 읽은 책이 김형석 교수님의 『백년을 살아보니』였어요. 공부를 하고 봉사를 하라는 말씀이 참 와닿았어요. 그런데 막상 공부를 하려고 보니 무슨 공부를 해야 하는지 모르겠고, 봉사 활동도 어디서 어떤 일을 해야 할지 찾기 쉽지 않았어요.

혼자 저녁을 차려서 먹은 후 TV를 좀 보다가 생각해 보면 마음이 한없이 차분해져요. 그런데 다시 생각해 보면 차분한 게 아니라 울적한 것 같기도 해요. 즐겁게 지내려고 하지만, 사실 즐거운 일들이 거의 없는 셈이지요. 직계 가족이 없다 보니 이젠 형제들을 만나도, 조카들을 만나도 짐이 되고 싶지 않다는 생각이 앞서게 돼요. 요즈음 이렇게 의미 없이 나이만 먹느니 차라리 빨리 아내 곁으로 가고 싶을 때도 있어요.

선생님을 찾은 까닭도 여기에 있어요. 우리 세대가 상담에 익숙한 세대는 아니지만, 우연히 유튜브에서 상담 관련 이야기를 들어보니 저 역시 한번 받아보고 싶다는 생각이 들더라고요. 마침 가까운 후배가 선생님을 추천해 줘서 용기 내어 연락을 드렸어요. 저처럼 나이 많은 사람에게 상담 요청을 받으셔서 부담스러운 것은 아닌지 모르겠습니다. 울적한 나날들이 계속되는데 우울증 초기 증상인가요? 건강에 나름 신경을 쓰고 있지만, 사는 게 갈수록 흥미가 사라져 가요. 인생이 '공수래공수거'라고 말하지만, 그래도 뭔가를 하고는 싶어요. 남은 인생 의미 있는 일을 해야 할 터인데, 그게 잘 보이지 않아요. 젊은 분에게 드리기 민망한 질문이지만, 남은 인생 어떻게 살아가야 합니까?

승환 씨는 공허함을 품고 상담실 문을 두드렸다. 부드러운 말투와 예의 바른 태도에서 그의 인격이 묻어났다. 한평생 열심히 일하고 행복한 가정도 이루었던 그는 은퇴와 사별로 인해 정신적인 위기에 봉착했다. 그로 인해 본인이 우울증이 아닌가 걱정하는 상황이었다.

우울증은 '2주 이상 거의 매일 우울한 기분·흥미 상실·식욕 및 수면 변화·피로·자살 생각 등으로 일상생활이나 직업상 곤란을 겪는 경우'에 진단을 내린다. 승환 씨의 경우 우울 증상이 없다고 할 수는 없지만 꾸준한 운동과 더불어 식사 및 수면에 큰 문제를 드러내고 있지는 않았다. 무엇보다 상담실을 스스로 찾을 만큼 삶에 대한 의지와 애정이 있는 상태였다. 그렇다고 완전히 괜찮다고 여길 수도 없었으므로 정식으로 우울증 검사를 받아보기를 권했다. 만일 우울증으로 진단받는다고 해도 크게 걱정하지 않아도 된다는 말도 덧붙였다. 우울증은 평생 유병률이 15~20%로, 누구에게나 찾아올 수 있는 질병이었다. 승환 씨에게는 은퇴와 배우자 사망이라는 확실한 원인이 있으므로, 설령 우울증 진단이 나오더라도 치료를 잘 받으면 반드시 호전될 수 있었다.

내가 보기에 그의 주요 문제는 상실감이었다. 철저히 준비한 후 은퇴를 맞은 이들도 사회적·개인적 의미가 상실됨에 따라 커다란 혼란을 겪는다. 그런데 승환 씨는 일에 대한 고민에 더해, 조금도 예상 못 한 배우자의 사망까지 뒤따랐다. 자녀 없이 배우자와 깊은 애착을 두고 살아왔던 터라 그 충격은 말로 표현할 수 없는 정도였을 것이다. 배우자 상실은 스트레스 지수 가운데 1위를 차지하는 요인이기도 하다. 1967년경 토마스 홈즈Thomas Holmes와 리차드 라헤Richard Rahe가 스트레스와 질병 간의 관계를 규명하기 위해 수천 명의 환자를 대상으로 일상생활에 대한 질문을 통해 스트레스 지수를 고안했다. 이 '스트레스 측정 정도'에서 스트레스 지수 1위가 바로 '배우자의 사망(영향력 100)'이었고, 10위가 '퇴직(영향력 45)'이었다. 이 척도에 의하면 승환 씨는 1위와 10위의 스트레스를 동시에 감당하고 있는 셈이다.

은퇴 후 마주하는 상실의 핵심은 '업무'의 부재 및 증발이지만, '관계'의 축소 및 감소도 영향력 있는 요인 중 하나다. 일과 사람이 없어진다면 누구나 깊은 상실감으로 슬픔과 무기력감을 느낀다. 특히 인간관계를 주로 일 중심으로 꾸리는 한국 남성들의 경우, 일과 사람이 동시에 사라지는 셈이 되어 은퇴 후 상실감이 더 클 수 있다.

최근 상담학에서는 노화를 노쇠로 바라보는 대신에 발달과 성장의 과정으로 보는 견해가 강하다. 개인적으로 나는 삶의 발전을 멈추면 노인이고, 계속 발전하고 있다면 청년이라고 생각하고 있다.

현대 노인 상담 이론에서는 노년기에 삶의 질을 향상하기 위한 조건으로 다음과 같은 것들을 제시한다. 먼저, 개인은 의지를 가지고 건강을 유지하면서 친구 관계 등 사회적 관계를 꾸준히 쌓고 지속해야 한다. 또한 교육에 지속해서 참여하면서 자기 개발을 하고 자신의 능력을 성장시켜야 한다. 건강하기만 한다면 재취업과 자원봉사도 적극적으로 고려해 실행할 필요가 있다.

연세대학교 명예 교수인 김형석 교수는 자신의 저서를 통해 늙는 것은 잘못이 아니라고 하며, 늙어서도 행복하게 살 권리와 젊은 세대에게 존경받아야 할 의무가 있고, 공부와 취미 및 봉사는 이 권리와 의무를 다하기 위한 좋은 방법이라고 충고했다. 1920년생으로 100세 넘게 장수하면서 현재도 활발하게 활동 중인 노교수의 조언은 은퇴를 준비하는 많은 이들에게 귀한 가르침이 되었다.

이런 견해들을 바탕으로 승환 씨의 취미 활동과 인간관계의 확장을 권했다. 은퇴로 외로움과 공허함을 느낄 때 더 적극적으로 내가 좋아하는 활동을 하고, 내가 좋아하는 사람들을 만나려는 노력은 매우 중요하다. 스포츠, 요리, 공예, 글쓰기 등 요즘은 취미 활동이 매우 다양해지는 추세이다. 또한 개성이 중요하기 때문에 취미 활동을 하는 데 나이는 별로 중요하지 않아졌다. 내가 알고 있는 '실버 바리스타' 모임에서는 60~70대 회원들이 한 달에 2회씩 멋진 카페에서 커피에 대해서 배우고, 바리스타 자격증을 따기 위한 공부를 함께하고 있다. 보기에도 근사하고 커피 맛도 좋다. 나이를 핑계로 취미 활동에서도 위축되고, 스스로를 아웃사이더로 몰아내는 것이 정말 늙는 것이다. 요즘 젊은이들에게 가장 인기 있는 중장년은 패션, 외모, 각종 취미 생활에서 눈치 보지 않고 당당하게 자신의 삶을 즐기는 사람들이다. 워킹과 무대를 즐기는 시니어 모델들이 좋은 예시가 될 것이다.

봉사 활동도 꼭 누군가에게 제공해야 한다고 생각할 필요 없다. '봉사'라는 단어에서 큰 부담을 느끼는 경우가 많은데, 긴 사회생활을 통해서 깨닫게 된 삶의 경륜이나 업무에 관한 노하우를 젊은이들에게 나누는 것만으로도 좋은 봉사 활동이 된다. 내가 미국에서 생활했을 때 일주일에 한 번씩 나에게 무료로 영어를 가르쳐 주던 미국 주부가 있었다. 집 근처의 독서실이 그녀와 나를 연결해 주었는데, 그녀는 나에게 무료로 영어를 가르치는 것이지만 그것이 자신의 삶에도 즐거움과 의미를 준다고 했다. 영어는 자신의 모국어이므로 가르치기 어렵지 않고, 새로운 문화권에 있는 사람과 만나 이야기하는 것이 자신에게도 즐거운 일이며, 일주일에 한 시간의 봉사는 부담스러운 일도 아니라고 덧붙였다. 나도 그녀를 만날 때 기쁜 마음으로 커피, 홍차, 쿠키 등을 가지고 가 이런저런 수다를 떨었다(물론 번역 애플리케이션과 보디랭귀지가 대화의 반 이상을 차지했다). 타지에서 외로워하던 나에게는 영어 공부도 하면서 친구도 사귀는 일거양득의 시간이었다. 코로나19 발생으로 예상보다 일찍 귀국하느라 이른 이별을 하게 되었지만 그녀와의 시간은 예쁜 추억으로, 감사한 기억으로 남았다. 이렇듯 주위를 살펴보면 자원봉사를 할 기회는 많다.

친밀한 인간관계에 대해서도 다시 한번 살펴보기를 권했다. 은퇴를 하고 나면 마음이 위축되어 가족, 지인들로부터 스스로 멀어지기 쉽다. 그러나 그 또한 낮아진 자존감에서 비롯된 잘못된 생각과 행동이다. 사람들은 우리가 생각하는 것보다 순수한 인간관계를 원하는 경우가 많다. 함께 있으면 즐겁거나, 배울 점이 있거나, 위로가 되거나, 도전 의지를 심어주거나, 단지 편안하기만 해도 관계를 형성할 충분한 사유가 된다. 상대방의 직업, 나이, 돈, 권력의 유무와는 관계없이 사람들은 친구가 되고 싶어 한다.

내가 어렸던 시절, 동네 어른들이 대화를 나누며 "외국에서는 어린아이들이 할아버지에게도 '하이 미스터 조'라고 인사한대" 하면서 깔깔 웃는 모습을 봤던 기억이 있다. 그들의 대화 속에 존재했던 장면을 실제로 보게 된 건 최근의 일이었다. 현재 미국에 살고 있는 우리 어머니의 성함은 '이문자'다. 엄마는 환갑 즈음 미국에서 거주 중인 언니 집 근처로 이주했다. 그 후 우연한 기회에 유치원에서 보조 교사를 하게 되었는데 4~5살 된 아이들이 엄마에게 "하이, 미스 문자~"라고 인사하는 것을 보고 나는 한참을 깔깔 웃었다. 게다가 한국에서는 다소 촌스럽다고 여겨지는 엄마의 이름이 미국에서는 'Moon' 혹은 'Moon Jar'로 읽히니 우리 말로 번역하면 '달', 또는 '달 항아리'라는 환상적인 이름이 되었다. 아름다운 '미스 문자'가 된 엄마는 때로는 알록달록한 색깔의 핀을 머리칼에 꽂고, 때로는 크리스마스 트리 스웨터를 입고, 때로는 유행하는 트레이닝복을 입고 유치원 행사마다 참여하며 활기를 되찾았다. 일흔이 다 된 나이였지만 꼬마 친구들과 거리 없는 우정을 나누었고, 고정 관념을 깨며 행복해졌다.

은퇴 후에 작지만 새로운 도전을 하고, 목표를 세워 하나씩 이루어 나가는 것은 매우 중요하다. 몸도, 마음도 늙지 않는 최고의 방법이 끝없이 호기심을 가지는 것이라고 한다. 퇴직은 새로운 단계로 넘어가는 커다란 변화이자 위기다. 하지만 위기도 어떻게 바라보느냐에 따라 기회가 될 수 있다. 사람이 생을 마감하면서 가장 후회하는 바 중의 하나가 '하고 싶은 것들을 못 해본 것'이라고 한다. 은퇴 후 시간을 잘 조정하고, 마인드 컨트롤을 잘함으로써 하고 싶었던 일 중 많은 것들을 해나갈 수 있다. 버킷 리스트 채우기도 이런 관점에서 유의미하다.

우리나라가 고령 사회에 접어들면서 100세 시대가 관심을 끌었다. 100세 시대를 맞이해 고령 세대의 경제적 궁핍은 물론이고 정신적 고독이 매우 중요한 사회 문제로 급부상했다. 멀지 않은 2030년에는 60세 이상 고령 세대가 전체 인구의 30%에 도달한다. 의미 있는 노년을 보내기 위한 사회 복지 정책과 교육·심리 프로그램의 마련은 매우 중요한 국가적 의제이다. 젊은 시절보다 더 길어질 노년 시기를 건강하고 행복하게 보낼 수 있는 방법을 찾는 것은 우리 모두에게 주어진 과제다.

3장

어쩌면 사회

*

*

*

*

*

사회라는 안전망이

우리에게

필요하다

미혼부라는 이유로 짊어진 어깨 위 부담을 내려놓으세요

아이가 너무 예쁘고 좋은 거예요. 아이와 있는 게 행복해서 2평짜리 고시원이 좁은지도 모르고 지냈어요. 타인에게는 그렇게 공격적이던 내가 아이랑 있으면 얼마나 좋은지 많이 웃어요. 신용 불량자인데다 먹을 게 없는데도 현실을 잊게 되는 거예요. 아이와 둘이 버려졌을 때는 세상에 대한 분노가 너무 컸어요. 유모차를 끌고 가다가 누가 클랙슨만 울려도 싸웠어요. 누구든 나랑 내 아이를 건드리면 다 죽여버리겠다, 그런 생각이었어요. 그럴 때면 다른 사람과 눈도 제대로 마주치지 못하고, 10분만 걸어도 심장이 쿵쾅거렸어요. 대인기피증이 생겼었어요.

제가 유일하게 출생 신고를 해본 미혼부니까 미혼부들이 저를 찾아요. 처음에는 나서서 도와주지 않았어요. 그런데 어느 날, 한 남자가 지병으로 사망했는데 그 옆에 생후 8개월쯤 된 아기가 굶어 죽어 있었다는 기사를 봤어요. 상황이 눈앞에 바로 그려지더라고요. 미혼부의 아기는 출생등록이 안 돼서 지원금이 없었거든요. 기사를 본 다음부터 계속 마음이 괴로웠어요. '내가 적극적으로 도와줬다면 아기라도 살았을 텐데 내가 뭐라고 숨었나?' 싶어 '아빠의 품'이라는 단체를 만들게 됐어요.

우리 아이, 사랑이에게 정말 미안하고 두려운 건 허락 없이 제가 공개적으로 활동을 했다는 거예요. 사춘기가 돼서 아빠와 자신에 대한 기록들을 보다가 상처를 받으면 어쩌나 하는 염려가 들어요. 아빠가 다른 사람을 돕는 좋은 일을 한 거니까 다 이해해 줄 거라고 말하는 사람들도 있어요. 그럴 수도 있겠지만, 아닐 수도 있어요.

사랑이가 유치원 다니던 때 제가 너무 바빠 머리를 묶어주지 못한 날이 많았어요. 어느 날 한 아이가 사랑이에게 이랬다는 거예요. "너는 엄마 없어? 머리 안 묶어줘?"라고.

그 말을 들은 사랑이가 펑펑 울었다고 유치원 선생님이 말해주시더라고요. 그런데 그날 저녁에도 아이는 제게 엄마 이야기나 친구 이야기를 하지 않았어요. 그때 알았어요. 사랑이가 '엄마가 없어도 괜찮은 게 아니고 아빠가 속상할까 봐 이야기하지 않는구나'라고 말이에요. 마음이 정말 아팠어요.

한 달 전부터 베이비 박스(부모로부터 버려진 아이들을 돌보는 곳)의 책임자가 됐어요. 저는 사랑이뿐만 아니라 다른 아이들도 그렇게 예쁘더라고요. 현재 제 문제는 시간이 부족하니 늘 정신이 없다는 거예요. 이러다 번아웃이 올 것 같아요. 집도 없고, 기술도 없고, 부인도 없는 홀아비 현실이 두려워요. 잠 못 이룰 때가 많습니다.

제 꿈이요? 글쎄요. 제가 성경을 잘 모르지만 딱 한 구절은 알아요. "가서 너도 이와 같이 하라". 예전의 저는 부족한 사람이었지만 조금씩 나은 사람이 되어가고 있는 것 같아요. 일단은 주어진 환경에서 최선을 다해서 살고, 지금처럼 사랑이와 작은 행복들을 나누고, 사랑이를 잘 키우는 게 제 꿈인 거 같아요. 원대하거나 큰 꿈은 없습니다. 그거면 돼요.

지환 씨와의 첫 만남이 떠오른다. 한 단체의 미혼부 케어 프로젝트에 우연히 참여하게 되면서 지환 씨의 딸 사랑이가 내가 소장으로 있는 연구소에서 놀이 치료를 받게 되었다. 처음에는 미혼부라는 호칭도, 지환 씨의 삶도 신기하고 의아했다. '미혼부도 있구나'라는 생경한 생각이 들었다. 하지만 지환 씨와 이야기를 나누게 되면서는 '와, 세상에 이런 아빠가 있다니' 매번 감탄했다.

나는 훌륭한 아버지들을 많이 봐왔지만, 내심 부성애보다 모성애가 더 강력하다고 여겼다. 자기 배 속에 아기를 품었던 모성애에 비하면 부성애는 덜 강하고 후천적인 것이라고 말이다. 그런데 지환 씨를 만나 이야기하면서 처음으로 이런 나의 생각이 잘못된 편견임을 깨달았다. 누구보다 지극한 사랑과 정성으로 아이를 키우는 아버지들이 있었다. 지환 씨는 사랑이를 지극정성으로 키웠고, 사랑이는 그의 애정을 충분히 받으며 잘 자랐다. 지환 씨는 사랑이가 엄마 없이 자라다 혹시나 우울증 같은 정서적 문제가 생길까 봐 걱정되어 놀이 치료실에 데리고 오게 되었다고 했다. 사랑이를 상담한 동료 상담사는 사랑이가 구김살이나 우울증 없이, 밝고 귀엽고 사랑스럽게 잘 성장했다고 설명했다. 사랑이는 학교생활에도 잘

적응하고, 혼자서도 많은 것들을 척척 잘 해내는 아이였다.

심리학자 하인즈 코헛Heinz Kohut에 따르면, 아이가 심리적으로 건강하게 자라기 위해선 사랑하고 인정해 주는 '반영 자기대상Mirroring Selfobject'과 의지할 수 있고 보호해 주는 '이상화 자기대상Idealizing Selfobject'이 필요하다고 했다. 여기에서 자기대상이란, 코헛이 고안한 개념으로서 개체가 타인을 자신의 한 부분으로 체험하는 현상을 지칭한다. 즉, 자기와 완전히 분리될 수 없는, 신체의 일부 같은 대상을 의미한다. 이 자기대상은 건강하게 성장하기 위해 정신적 산소처럼 중요한 대상이다.

반영 자기대상이란, 어린아이를 향해 늘 미소 짓고, 긍정하는 눈길을 보내주며, 반짝이는 눈으로 사랑스럽게 쳐다봐주는 대상이다. 이런 반영 자기대상으로 인해 아이는 내면에 '나는 가치 있고 대단한 존재다'라는 의식을 가지게 된다.

이상화 자기대상은 아이에게 안정감과 보호를 주는 대상이다. 아이는 자기보다 더 위대하면서 힘과 능력도 뛰어난 존재가 자신을 지켜주기에 '나는 안전하고 평화롭다'라고 여길 수 있다.

양 부모가 모두 있으면서도 이 두 가지 대상의 기능 가운데 한 가지 역할도 제대로 못하는 부모들이 많다. 그런데 지환 씨는 두 가지 역할을 충실하고 유능하게 잘해냈다. 사랑이는 지환 씨의 애정과 보호라는 자양분을 먹고 어여쁜 나무로 무럭무럭 자라는 중이다.

지환 씨는 행여 사랑이에게 상처가 될까 두려워 엄마에 관한 이야기를 하지 않았다고 했다. 하지만 사랑이가 초등학생이 된 현재에는 이야기를 해주는 것이 좋다. 아빠가 엄마의 이야기를 회피하는 것을 알기에 사랑이도 엄마에 대한 궁금증과 그리움을 표현하지 못한 것으로 보인다. 같은 유치원 아이들이 사랑이에게 엄마가 없냐고 물었을 때, 사랑이는 울음을 터뜨렸다. 하지만 끝내 지환 씨에게 이 사실을 말하지 않았다. '이 이야기를 하면 아빠가 슬프고 속상하고 싫어하니까'라고 생각했기 때문이었을 것이다. 학교생활을 시작하게 된다면 계속해서 엄마에 관한 이야기가 나오게 될 텐데, 모친의 존재를 알 수 없고 언급하면 안 되는 비밀 속 사람으로 숨겨두면 오히려 사랑이가 더 힘들어질 수 있다. 대신에 이렇게 말해주면 어떨까? '엄마가 사랑이와 함께 살 수는 없지만, 그렇다고 사랑이가 소중하지 않다는 건 아니야. 사랑이 너는 실수로 어쩌다 태어난 것이 아니라 아빠와 엄마가 진심으로 사랑해서 얻은 결실이란다. 아빠에게 사랑이는 세상에서 가장 소중한 보물이자, 영원히 사랑하는 존재란다'라고. 목숨을 걸고 자신을 지켜낸 지환 씨의 사랑을 알고 있기에 사랑이는 잘 소화할 것이다.

지환 씨는 오직 사랑이에 대한 걱정으로 상담 센터를 방문했다. 그러나 지환 씨와 몇 차례의 상담을 진행한 상담사로서 내가 더 염려되는 이는 도리어 지환 씨였다. 그는 사랑이를 지키고 돌보는 데에 몰두한 나머지, 스스로에게는 한없이 소홀해졌다. 그러다 보니 현재 번아웃* 직전에 당도해 있었다. 지환 씨의 번아웃 증상은 가볍지 않았다.

사실 나는 현재의 상태로 지환 씨가 사랑이를 홀로 키우는 동시에, 새로운 직장(베이비 박스)의 책임자로 일하면서, 미혼부들 케어 단체까지 이끄는 것은 무리라고 생각했다. 번아웃 증상이 있을 때는 '쉼'이야말로 가장 중요한 치료이므로,

* 최대한의 에너지를 다 쓴 후에 체력과 정신력이 소진되고 다 타서(Burn) 없어진(Out) 상태가 번아웃 신드롬(Burnout Syndrom) 현상이다. 2019년 세계 보건기구(WHO)는 번아웃을 에너지의 고갈, 업무에 대한 냉소적 감정이 증가, 직무 효율이 저하되는 세 가지 특징으로 정의하며 직무 스트레스 관리의 중요성을 강조했다.

봉사 활동이라도 한동안 쉬는 것이 좋겠다고 말이다.

하지만 그와 상담을 더 진행하며 지환 씨가 육아와 일, 봉사 중 무엇도 그만둘 수 없다고 판단하게 되었다. 육아는 당연히 중단할 수 없고, 생업도 놓을 수 없다. 그렇다면 봉사는 왜 말릴 수 없을까? 그에게 봉사는 내가 감히 예상할 수 있는 가치보다 훨씬 중요한 영역이었다. 사회에 기여하는 행동은 아버지이기 이전에 인간 김지환의 '의식'이었다. 지환 씨는 사랑이가 태어나기 전까지 석사 출신 장교였고, 누구보다 자기 의식이 뚜렷했던 사람이다. 사랑이가 태어나자 아이를 지키려 자신의 지난 삶을 뒤로하고 약자의 자리에 설 수밖에 없었지만, 그의 의식은 사라지지 않았다. 한 아이의 아버지인 지환 씨는 사회에 이바지함으로써 자신의 존재를 느끼고, 앞으로 나아갈 원동력을 얻었다. 봉사는 그의 자존감이자 자존심이며 힘이었다.

이제 문제는 그의 시간과 체력의 안배다. 사랑이도 잘 키워야 하고, 맡은 업무도 잘해야 하며, 봉사에도 충실해야 한다. 할 일이 많을 때는 조절의 지혜를 발휘해야 한다. 셋을 다 해내야 하지만, 자신의 체력과 능력의 한계도 인정해야 한다. 모두 다 완전하게 잘하려는 욕심은 버려야 한다. 사랑이에 대한 불안감도 내려놓아야 하고, 사람들의 도움도 기꺼이 받아들여야 한다(지환 씨는 도움을 주고 싶어 하는 부모님께도 가급적 손을 빌리지 않는다). 일과 봉사에서도 무조건 힘을 쏟고, 희생하고, 견디는 방식이 아니라 조절하고, 배치하고, 선택해 집중하는 지혜가 필요하다. 번아웃 상태에서 무조건 해내고, 다 이루려 하면 단 한 가지도 잘 해내기 어려워진다. 쉽지는 않겠지만 편안한 마음으로 한 걸음씩 천천히, 묵묵히, 지치면 쉬어 가면서, 그가 원한 '소소한 행복'을 만들어 나가야 할 것이다. 선하게 살기 위해 발버둥 치는 그에게 조절과 안배의 지혜가 주어지기를 바란다.

정상 가족의 범주로 인해 상처 입는 사람이 많은 나라

미혼부 가족에 대해서는 '아빠의 품' 김지환 대표를 통해 처음으로 알게 되었다. 미혼부들은 "돈 벌 수 있고 건강한 젊은 남자가 아이 하나를 못 길러서 징징거려"라는 말을 자주 듣는다고 한다. 하지만 갓난아기는 24시간 지켜봐야 하는 존재다. 한 시도 눈을 뗄 수 없는 상황에서 홀로 양육 중인 이들에게 나가서 돈이나 벌라는 말은 즉, 아이에게서 돌봄을 빼앗겠다는 말이다. 이렇듯 미혼부 가족은 아직 사람들에게 낯설고, 사람들은 낯선 가족 형태를 불편해하는 경우가 많다.

이제 우리 사회에는 한부모 가족, 조손 가족, 다문화 가족 등 여러 형태의 가족이 존재한다. 이러한 가족들에 대한 포용이 넓어졌지만, 여전히 '정상 가족'과 '비정상 가족'에 대한 한계와 편견이 존재한다. 그러나 가족의 형태는 매우 빠르게 변화하고 있다. 통계청 국가통계포털(KOSIS)에 따르면, 2021년 전국의 비친족 가구원(친족이 아닌 애인, 친구 등과 함께 사는 사람들) 수가 100만 명을 돌파했다. 2016년까지만 해도 20만 가구였던 비친족 가구는 2020년 40만 가구까지 늘었고, 2021년에는 47만 가구가 되었다. 여기에 1인 가구가 700만 명을 넘어섰다고 하니 이제는 친족으로 이루어진 가족만이 '정상 가족'이 아님은 확실하다.

국민 인식도 빠르게 바뀌고 있다. 2021년 여성가족부 설문 조사에서 "혈연 또는 혼인 관계가 아니더라도 생계와 주거를 공유한다면 가족이 될 수 있다"는 의견에 "동의한다"는 응답이 61.7%였다. 이 정도의 변화라면 정상 가족과 비정상 가족을 나누는 것이 더는 무의미하다. 사고가 변화하는 시점에서 전통적 가족주의만을 고수하는 이가 있다면 그는 자신이 시대의 변화를 따라가지 못하고 있다는 사실을 인정해야 한다. 가족에 대한 사회의 법과 제도 역시 다양한 가족 체계의 변화 흐름에 유연하게 대응하는 방향으로 발전할 수 있기를 바란다.

우리는 서로 의지하며 살아가는 존재입니다

사람들은 제가 앞 못 보는 걸 걱정하고 안쓰럽게 여겨요. 하지만 그 힘듦은 5% 정도밖에 안 돼요. 제가 후천적인 시각 장애가 아니라 선천적인 장애라 그럴지도 모르겠지만요. 저를 가장 힘들게 하는 건 사람들과의 관계예요. 사람들은 시각 장애인 공동체가 서로의 아픔을 이해하니까 더불어 격려하고 지지하는 따듯한 공동체라고 생각할 거예요. 그러나 사실은 공동체 구성원들끼리 철저히 경쟁하는 구조예요. 제공되는 혜택은 한정돼 있으니 경쟁하고 싸우게 되는 거죠. 답답한 건 우리가 이 공동체를 벗어날 수 없다는 거구요. 다른 대안이 없으니 어떻게든 여기서 버티는 수밖에요.

가족에게 의지하기도 힘들어요. 어머니도, 아버지도 저에게는 힘든 존재거든요. 두 분은 사이가 좋지 않아 이혼했어요. 동료들과의 관계도 힘들지만 제 슬픔의 근원은 가족이에요. 가난해도 좋고, 앞이 보이지 않아도 좋아요. 그냥 평범한 가정에서 자랄 수 있었다면 얼마나 좋았을까 자주 생각해요.

결국 자존감이 낮은 게 가장 큰 문제 아닐까 싶어요. 인간관계가 힘든 것도 이 낮은 자존감에서 비롯된 것 같아요. 제가 기본적으로 생각이 많은 편이에요. 누군가에게 비난을 받거나 오해가 생기면 잠도 설치고 종일 그 생각으로 괴로워해요. 코로나 때문에 일이 줄어들어 방에 혼자 머물 때가 많은데, 그러다 보니 부정적인 생각에 더 빠져들어요. 누군가에게 털어놓고 싶은데 마땅한 대상이 없더라고요. 어렵사리 주위 사람들에게 말하면 어느새 제 고민이 입에 입을 타고 여기저기로 퍼져 있어요. 이상한 오해가 더해져 결국 더 큰 상처로 돌아오니 이젠 말하기가 겁나요.

오히려 비장애인들을 만날 때 더 힘을 얻어요. 그동안 교회분들, 안마원 고객들, 봉사자들 등 좋은 사람들을 많이 만났어요. 앞을 못 보니까 주로 도움을 받게 되지만, 저도 봉사를 자주 해요. 교회나 동네 어르신들께 안마 봉사를 하기도 하고, 시각 장애인 동료들에게 컴퓨터도 가르쳐 주고요. 기쁘더라고요. 도움을 받는 것도, 주는 것도 모두 좋은 거라고 생각하며 살고 있어요. 또 하나의 기쁨은 노래하는 거예요. 교회에서 가끔 솔로로 찬양할 때가 있는데 사람들이 제 찬양을 듣고 칭찬해 주고, 좋아해 주면 너무 기뻐요. 봉사할 때도 그렇고, 노래할 때도 그렇고 누군가에게 의미 있는 사람이 되는 게 힘이 되네요.

희구 씨에게 사과하고 싶었다. 상담을 처음 의뢰받았을 당시에 나는 시각 장애를 지닌 내담자의 심적 고통은 당연히 보이지 않음에서 비롯된 고난과 절망일 거라는 선입견을 품고 있었다. 상담을 진행하면서 이 선입견이 말 그대로 나의 편견이었음을 깨달았다. 희구 씨는 여러 차례 상담을 진행하는 동안 시각 장애 자체로 인한 고통이나 어려움에 관해서는 거의 이야기하지 않았다.

희구 씨의 고민은 대부분의 사람이 품는 종류였다. 인간관계의 어려움, 가족으로부터 받은 상처, 자존감 상실의 문제를 겪었다. 희구 씨는 자신이 속해 있는 공동체 내의 경쟁에 지쳤고, 상처만 주는 가족들로부터 절망했다. 또 여느 30대 청년과 마찬가지로 일과 사랑에 대한 고민으로 잠 못 이루기도 했다. 물론 희구 씨가 마주한 현실이 비장애인들보다 힘든 것은 자명한 사실이었다. 아무리 힘들어도 시각 장애인 공동체에서 벗어날 수 없었고, 안마사 외의 다른 직업을 찾아볼 수도 없었으며, 화가 나더라도 상대방과 치열하게 싸울 수 없었다. 자신이 원하는 바를 찾아 이루고자 자유롭게 행동할 수도 없었다. 고민과 바람의 형태는 비장애인들과 같지만, 그것을 해결하기 위해 적합한 방법을 찾거나 실현하기는 훨씬 어려운 상황이었다. 그로 인해 홀로 고통을 감당해야 했던 시간들이 못내 가슴 아팠다.

하지만 희구 씨는 놀라운 사람이다. 그는 수많은 현실적 한계에도 불구하고 삶을 개척하려는 노력을 포기하지 않았다. 좌절할 때도 많았지만 주저앉지 않고 마음을 다잡아, 할 수 있는 일들을 시도했다. 그의 진취성은 특별했다. 내가 희구 씨와 상담하게 된 것도, TV에 출연해 토론 중인 나를 보고 희구 씨가 직접 상담을 신청하게 되면서였다. 당시 일정에 어려움이 있어, 다른 상담 선생님을 연결해 드리면 어떻겠냐고 묻는 직원에게 희구 씨는 "안 됩니다"라고 단호하게 자신의 의사를 밝혔다. 그리고 왜 자신이 나와 상담해야 하는지에 관해 설명했다. 나는 그의 말에 설득되었고, 그렇게 시작된 상담에서 우리는 유의미한 이야기를 많이 나눌 수 있었다.

희구 씨가 선택했던 심리 검사는 비장애인들도 힘들어하는, 567문항으로 이루어진 MMPI-2(미네소타 다면적 인성 검사)였다. 문항지를 읽어줄 수 있는 지인의 도움을 받아 567개의 문항을 듣고 꼼꼼하고 진지하게 응답했다. 시각 장애가 있는 내담자가 MMPI-2 검사를 원하고, 온라인 방식으로 스스로 진행했다는 이야기를 들은 상담사 동료들 모두 감탄했다. 희구 씨는 컴퓨터에도 능했다. 그는 문자, 카카오톡 등의 메신저로 어려움 없이 사람들과 소통했고 다양한 주제들에 대해 주의를 기울이고 있었다. 그뿐인가? 내가 출연하는 방송에 자신의 사연을 보내 채택되기도 했고, 내가 운영 중인 유튜브 채널에 출연해서 노래를 부르기도 했다. 희구 씨의 고민 중 하나는 외로움의 문제였는데, 삶에 대한 그의 노력과 열정은 그를 응원하고 지지하는 비장애인 친구의 수를 점점 많아지게 했다. 물론 나도 그중 한 명이었다.

희구 씨와 상담할 때 나는 가끔 눈을 감고 대화에 임했다. 눈을 감으면 그의 마음에 더 잘 공감할 수 있을 것 같았고, 그의 말이 더 잘 들릴 것 같았다. 눈을 감든 뜨든 그와의 대화는 언제나 가깝고 친밀하게 느껴졌다. 하지만 눈을 감고 대화를 하면 그의 삶에 더 가깝게 닿아 있는 듯한 느낌이 들어서 그의 마음이 더 잘 이해되는 듯도 했다.

"시각 장애가 있어도 박사가 될 수 있다, 위대한 인물이 될 수 있다! 이런 말은 듣고 싶지 않아요. 저를 위로한답시고 시각 장애인 중에서 가장 성공한 위인들을 들먹거리면서 응원하는 경우가 있는데 너무 싫어요."

너무나 이해되는 토로였다. 사람들은 힘을 주고 싶다는 좋은 의도에서 건넨 말이겠지만, 듣는 사람에게는 격려가 되지 않았다. 오히려 희구 씨에게는 좌절감과 부담만 가중하는, 당사자에 대한 공감 없이 건넨 '이기적 덕담'이었다. 대화를 통해 나는 그에게 필요한 것은 그저 있는 그대로의 현상에 관한 칭찬과 인정의 말들임을 알 수 있었다. 단지 보이는 모습 그대로 나의 의견을 전했을 뿐인데도 희구 씨는 행복한 웃음을 지었다.

그러나 칭찬만큼 조언도 필요했다. 그는 자신을 괴롭히는 생각의 악순환 패턴을 가지고 있었다. 기본적으로 생각이 지나치게 많았고, 그 생각은 대부분 부정적인 것들이기에 결국 우울한 감정으로 이어졌다. 이런 악순환은 낮은 자존감의 원인이 되었다. 악순환을 끊기 위해서는 부정적인 생각을 줄여야 했다. 평소 희구 씨는 부정적인 생각에 빠져 밤새 생각을 확장시키곤 했다. 생각을 줄이고 자학을 반드시 멈추어야 하는 상황이었다.

그는 어렸을 때부터 함께한 시각 장애인 친구들에게 몇 차례 상처를 받은 후 마음의 문을 닫았기에 인간관계가 매우 협소해져 있었다. 함께 지내는 동료 중에서 마음을 터놓고 대화할 수 있는 사람이 없으니 그는 더 외로워졌고, 점점 더 부정적인 생각 속으로 빠져들었다. 나는 희구 씨가 비장애인들과 접촉하고 새로운 일을 진취적으로 시도하는 모습을 전적으로 응원하지만, 그에게 가장 중요한 시각 장애 공동체에서 배척당하거나 스스로 모두를 배척하는 문제에 대해서는 우려하고 있었다. 그에게는 두 세상이 모두 중요했다. 시각 장애 공동체는 희구 씨에게는 생존과 연결되어 있으므로 사실상 소속 여부에 선택지가 없다고 봐도 무방했다. 그러한 현실이 상담사로서 매우 안타까웠지만 달리 명확한 해결책이 없는 상황에서는 나름의 방법을 찾아야만 했다. 다행히 그는 포기하지 않고 다시 한번 최선을 다했다. 오해가 있었던 옛 동료들이나 친구들과는 화해를 시도했고, 시기와 질투로 그를 모함하는 이들은 멀리하되 그렇다고 그 공동체에서 홀로 고립되는 방식은 선택하지 않았다. 동료들이 싫어할 만한 태도는 줄였고, 자신의 도움이 필요한 시각 장애 동료들에게는 도움의 손길을 내밀었다. 요즘 그는 여러 동료에게 컴퓨터 사용하는 법을 알려주고 있다. 힘든 과정이지만 잘 극복해 나가는 중이다.

희구 씨를 만난 것은 나에게도 참 좋은 일이었다. 나는 그에게 많은 것을 배웠다. 상담자에게 꼭 필요한 덕목은 내담자의 세계를 온전히 공감하고 이해하는 능력이다. 그런데 이 공감과 이해는 기본적으로 자신의 경험을 기반으로 이루어지기에, 나와 다른 경험을 한 내담자를 만나게 될 때면 이해의 폭에 한계가 생긴다. 그래서 상담자는 다양한 간접 경험이 필요하다. 희구 씨는 나에게 시각 장애인의 삶과 마음을 이해할 기회를 주었다. 내가 다시 시각 장애인 내담자를 만난다면 희구 씨를 만나기 이전보다 훨씬 좋은 상담사가 될 수 있을 것이다. 그가 말한 대로 우리는 모두 도움을 주고받는 존재들이고, 인간은 서로 의지하며 살아가야 한다. 그는 나에게 내담자였지만, 또한 상담자였다.

타자화된 시선이 장애인을 더욱 고립시킨다

코로나19 이후 장애인의 자아존중감이 몹시 떨어졌다. 김이레 국립재난안전연구원 연구위원의 연구 「코로나19가 장애인의 정신건강에 미치는 영향」에 따르면 코로나19 이후 장애인은 자존감에 큰 영향을 받은 것으로 나타났다. 이 연구에 의하면 2016년부터 2019년까지 장애인의 자존감 정도는 큰 변화가 없었으나, 코로나19 이후 크게 떨어진 것으로 분석하고 있다. 경증 장애인은 30.1%에서 29.31%로 0.79%, 중증장애인은 27.63%에서 26.73%으로 0.9% 더 큰 폭으로 하락했다. 같은 기간 비장애인의 자아존중감은 2019년 31.86%에서 2020년 31.74%로 0.12% 떨어졌다. 김 연구위원은 원인으로 장애인 활동 지원 정책 및 지원 체계의 부재, 시각 장애인과 청각 장애인 등의 감염병 관련 정보 접근성의 어려움, 선별진료소 내 휠체어 이동 공간 미비, 장애인 전담 인력 부족 등을 지적했다. 이 연구 결과에 따르면 코로나19 시대에 자존감 문제로 힘들어하는 장애인이 희구 씨만이 아니라는 해석이 가능하다.

가장 중요한 건 역시 소통과 이해다. 희구 씨를 통해 장애인들의 삶을 개선해 준다는 명목으로 소통과 이해 없이 만들어진 제도가 물질적 여유를 제공했더라도 그들의 공동체를 경쟁의 장으로 만들고, 그들의 정신세계를 황폐화할 수 있다는 사실을 알게 되었다. '장애인도 우리의 친구(또는 이웃)다'라는 겉핥기식 말만으로는 공허하다. 우리의 시각과 입장에서가 아니라 그들의 생각과 관점에서 문제를 다시 바라보고 정책을 정비할 필요가 있다.

2022년에 큰 사랑을 받은 드라마 〈이상한 변호사 우영우〉를 나도 재밌게 봤다. 자폐 스펙트럼 장애를 가진 우영우라는 인물도 아주 매력 있고 귀여웠지만, 우영우가 그렇게 특별하고 소중하게 인식되었던 것은 우영우를 받아들이고 인정하는 주위 인물들 덕이 아니었을까. 장애인 이동권 시위 등의 사안들은 너무 민감하고 복잡한 상황이기에 일방적 시선으로 함부로 평가하기 어렵다. 하지만 결국 그들이 우리와 동시대를 살아가는 이웃이라는 점을 잊지 않아야 한다. 그들을 나와 '다른 사람들'이라는 타자의 관점이 아니라, 함께 살아가는 사람으로서 주체의 관점이 요구된다. 이를 위해선 무엇보다 우선할 건 소통이고, 이에 기반한 이해일 것이다.

장애아 둔 부모들 앞
'사회의 벽' 언제쯤 무너질까

아이는 예뻐요. 내 새끼니까요. 아직도 잘 때 엄마 품을 찾아요. 10살짜리 동생보다 애기 같죠. 14살인데 유치원생 지능이라고 생각하시면 돼요. 우리 아이는 다행히 까치발로 걸어요. 많이 노력해서 걷게 된 거예요. 못 걷는 아이들도 많아요. 지체 장애와 지적 장애가 함께 온 경우가 그래요.

아이의 병명은 강직성 양마비성 뇌성마비예요. 조산을 했어요. 태어났을 때 800g 정도밖에 안 됐죠. 그 작은 아이의 몸에 각종 의료 기구가 달렸고 수없이 병원을 오갔어요. 14년을 어떻게 살았는지 기억도 잘 안 나요. 그냥 정신

없이 아이를 돌보면서 여기까지 왔어요. 앞날을 모르니까 여기까지 올 수 있었던 것 같아요. 알고는 못 하죠. 수없이 마음이 무너졌어요. 그래도 아이 아빠가 공무원이라 먹고 살 만하니 병원도 데리고 다니고 물리 치료도 받죠. 아이 치료비만 월 300만 원 정도 들어요. 다행히 저는 임신 때 들어놓은 보험이 큰 도움이 되고 있어요. 성장기에 지속적인 치료가 없으면 아이가 다시 걷지 못하고 휠체어에 앉아서만 생활하게 될 수 있어 치료를 쉴 수 없어요.

현실적으로 가장 어려운 문제는 학교예요. 학교가 너무 없어요. 복지관도, 병원도 턱없이 부족해요. 사회적 편견과 혐오도 정말 마음 아프죠. 얼마 전에도 아이를 데리고 놀이터에 갔는데 어떤 할아버지가 "저런 애를 왜 집 밖으로 데리고 나오냐"고 소리치더라고요. 아이는 운동이 필요한데 사람들은 우리 아이 모습을 보기 싫어하니 엄마들 마음이 무너져 버리고 말아요.

제일 큰 걱정은 '내가 없으면 우리 아이는 어떻게 하지?'예요. 고등학교를 졸업하면 갈 곳이 없어요. 아이들이 어렸을 때는 그래도 작으니까 도와주는 사람들이 있지만, 청소년만 돼도 다루기 힘들어지니까 다들 더 기피해요. 저는 나이가 들고 우리 아이는 더 커가니 앞으로가 더 막막하죠. 평생 교육원이 생기기를 간절히 바라고 있어요.

어쩔 수 없이 첫째에게 손이 더 많이 가서, 둘째에게 미안하죠. 아직 어려서 엄마는 오빠만 예뻐한다고 질투할 때가 많아요. 샘내다가도 가끔 "엄마 걱정하지 마. 내가 커서 오빠 돌볼게" 해요. 10살 아이가요. 그 애가 무슨 힘으로 오빠를 돌보겠어요. 오빠처럼 챙겨주지 못해 미안할 뿐이에요.

이런 환경이라 우울증은 당연히 있어요. 그런데 당장 아이의 손발이 돼줘야 하니 우울에 빠져 있을 틈도 없어요. 활동 보조 선생님이 큰 도움이 되지만 일어날 때부터 잠들 때까지 엄마가 다 해줘야 해요. 옷 입히기, 씻기기, 휠체어 태우기, 걷게 하기 등등이요. 먹는 게 예민해서 음식을 잘게 다져 죽처럼 만들어 먹이는 아이들도 많아요. 간간이 언론에서 엄마가 장애 아동과 함께 극단적 선택을 했다는 이야기를 들으면 나에게도 있을 수 있는 일 같아요.

며칠 전에는 같이 학교 다니던 한 아이가 천국에 갔어요. 엄마들도, 아이들도 다 우울했고, 부검하는 곳에 몇몇 엄마가 따라갔어요. 장례식장 다녀온 엄마들이 "그래도 저 엄마가 부럽다. 살아 있을 때 아이를 먼저 보냈으니 지금은 슬퍼도 나중에는 마음이 편하지 않겠어?" 했어요. 그리고 솔직하게 '저 엄마는 임무를 끝냈구나'라는 생각도 들었어요. 평범한 엄마들은 이해하기 어려운 마음일 거예요. 우리 아이가 살아 있을 때 장애인에게 더 좋은 사회가 될 수 있기를 간절히 바랄 뿐이에요.

우리나라는 명실공히 선진국 대열에 들어서고 있다. 자랑스러운 일이다. 그런데 진정한 선진국이란 무엇일까? 국민소득 4만 달러에 들어서면 선진국일까? 나는 선진국의 지표가 경제적 성과에만 있다고 보지 않는다. 진정한 선진국의 자긍심은 사람을 대하는 태도에서 나온다. 사회적 약자에 대한 배려, 성숙한 시민 의식, 평등한 기회 제공 등이 그 예시다.

나는 미국에서 3년 동안 거주한 경험이 있다. 그때 장애를 지닌 아동의 부모들을 여러 명 만났다. 미국 사회도 다양한 사회 문제를 지니고 있지만 적어도 내가 만난 장애 아동 부모들은 국가의 복지 제도로부터 큰 도움을 받고 있었다. 교육과 돌봄의 인프라가 잘 갖추어져 있었다.

최근 우리나라 장애인 복지 서비스 역시 양적으로, 질적으로 크게 성장한 것은 사실이다. 다행스러운 일이다. 그러나 지체 장애 또는 지적 장애를 지닌 아이를 키우는 부모들은 이구동성으로 개인이 감당하기에 지나치게 높고 거대한 벽이 있다고 말하고 있다. 무엇보다 교육 기관이 턱없이 적다. 특수 교육 대상자의 30%만이 특수 학교에 갈 수 있을 정도로 학교가 부족하다. 서울 시내 8개 구에는 아직도 특수 학교가 없다. 지방의 상황은 더 심각하다. 특수 학교 입학이 서울대학교 입학보다 더 어렵다는 이야기가 있을 정도다. 문제는 여기서 그치지 않는다. 특수 학교를 다니게 되면 한시름 놓는다고 하지만, 적지 않은 학생들이 2~3시간 걸려 통학을 하고, 교사의 수도 필요에 미치지 못한다.

몇 년 전 이슈가 되었던 서진학교 설립 때 봤던 장애 아동 어머니의 모습이 잊히지 않는다. 학교 설립에 대한 지역 주민들의 반발이 극에 달하자 어머니들은 무릎을 꿇고 "지나가다가 때리시면 맞겠습니다. 그런데 학교는, 학교는 절대로 포기할 수 없습니다"라고 절규했다. 선영 씨와 대화를 나누면서 서진학교 어머니들만이 아닌 모든 장애 아이 어머니들이 같은 심정이라는 것을 알게 되었다.

서진학교는 2020년 감격스러운 개교를 했고, 2021년에는 서울특별시 건축상을 받았다. 학교가 문을 열자 정원의 두 배 이상 되는 아이들이 입학을 희망했지만, 공간과 지원 인력에 한계가 있었다. 이를 극복하기 위해서라도 제2, 제3의 서진학교가 만들어져야 한다.

2021년 기준 한국인의 기대 수명은 83.6세다. 그러나 국립재활원 장애인 건강보건통계에 따르면, 국내 자폐 스펙트럼 장애인의 사망 시 평균 연령은 2020년 기준 23.8세이다. 지적 장애인의 사망 시 평균 연령도 56.3세로 모든 장애 중에서 자폐에 이어 두 번째로 짧다. 전체 등록 장애인은 장·노년층 비율이 높게 나타나지만, 발달 장애인은 40세 미만이 66%를 차지할 정도로 아동 및 청년층 비율이 높다. 왜 유독 발달 장애인이 어린 나이에 사망하는 걸까? 자폐성 장애인의 사망 원인 1위는 '고의적 자해(자살)'다. 또 지적 장애인의 경우, 사망 원인 17위에 '가해(타살)'가 있다. 가족에게 돌봄을 전가하다 보니, 발생하는 비극이다.*

* 『한국일보』, '1071명 발달장애를 답하다' 참조.

이 지표는 우리 사회에서 발달 장애를 지닌 본인이나 가족이 얼마나 극심한 위기와 고통을 겪으며 살아가고 있는지를 드러내고 있고, 신체적·경제적·사회적인 돌봄뿐 아니라 심리적인 돌봄도 시급한 상태라는 것을 알려준다. 현재 정부나 지자체에서 발달 장애인이나 이들을 돌보고 있는 가족에게 심리 정서적 상담 서비스를 제공하고는 있지만, 접근성이 어렵고 지원 액수나 횟수도 충분하지 않다. 또한 24시간 동안 아이를 돌보느라 완전히 소진된 보호자가 심리 상담을 받기 위해서 아이를 두고 먼 거리를 오가야 하는 것은 사실상 불가능한 일이다. 코로나19 시기에 활성화된 온라인 상담 방식, 혹은 '찾아가는 심리 서비스'의 방식으로 이들에게 실질적으로 도움을 줄 수 있는 방법을 강구해야 한다. 어떤 이들은 안 그래도 정부가 도움을 주어야 하는 영역이 셀 수 없이 많은데 어떻게 심리적 돌봄까지 제공할 수 있겠냐고 반문할 수도 있다. 그러나 발달 장애인과 발달 장애인을 둔 가족이 스스로 이 어려움을 이겨낼 수 있는 원동력은 마음에서 온다. 이들의 높은 자살률과 타살률 지표를 자세히 본다면, 이들에게 심리적 문제가 얼마나 중요한 상황인지 더 설명하지 않아도 되지 않을까 싶다.

10년 전쯤 지적 장애를 지닌 아이를 키우는 어머니들과 집단 상담을 하며 이들의 심리적 고통을 나누었던 경험이 있다. 감당하기 버거운 현실에서 오는 우울감과 좌절감, 다른 자녀들에게 가지는 죄책감과 불안, 부부 관계에서 오는 갈등과 분노, 사회로부터 비롯되는 서러움과 소외감……. 장애 아동을 키우는 부모의 마음은 경험해 보지 않은 사람이 헤아릴 수조차 없을 정도로 무거웠다. 2시간의 짧은 만남이었지만 집단 상담을 통해 어머니들은 그 한 주를 버틸 수 있는 힘을 얻었다고 말했다.

미국 장애인 운동을 이끈 주디스 휴먼Judith Heumann은 장애 운동의 핵심이 평등과 공정에 있다고 주장한 바 있다. 휴먼은 어렸을 때 앓은 소아마비 후유증으로 비롯된 사지 마비 장애인이기도 했다. 휴먼이 주장하는 평등이란, 모든 사람에 대한 동일한 대우가 아니라 '접근 기회의 형평성'이다. 인간으로서의 품위를 누리며 살아갈 수 있는 기회가 모두에게 똑같이 주어져야 공정한 것이다. 그녀가 제시한 기준에서 보면 학교도, 의료 기관도, 돌봄 시설, 문화 공간도 턱없이 부족한 우리 사회는 참으로 장애인에게 불평등한 사회다. '접근 기회 형평성'은커녕 '접근 기회'조차 거의 없는 상황이니 말이다.

우리가 진정한 선진국 시민이라면 경제적 풍요를 누리는 것을 넘어 사회적 약자에 대한 성숙한 시민 의식을 보여주어야 할 것이다. 장애인들은 장애 그 자체보다 사회적 편견과 혐오 때문에 더 많은 좌절을 경험하고 있다. 이들에게 위로나 도움을 주지는 못할망정 편견과 혐오로 인한 상처를 추가해서야 되겠는가.

욕이라도 실컷 하고 털어내기를

"내가 올해 여든셋이야. 심리 상담? 누가 내 이야기를 들어준다고. 들어준들 뭐가 바뀌어? 까맣게 탄 내 맘을 누가 알아? 근데…… 진짜 속이 좀 시원해지나?"

인생 자체가 힘들어. 내가 우리 집 영감탱이 때문에 속이 다 뭉개졌어. 영감탱이가 하루에 신문을 두 개나 보고 자빠졌어. 그럴 돈 있으면 우리 손자, 손녀 학비나 보태줄 것이지. 평생을 주식이랑 다단계에 빠져서 돈을 다 썼어. 젊었을 때 쥐꼬리 월급을 쪼개고 아껴서 집을 샀는데, 그것도 기어이 대출을 받아서 주식을 샀으니까. 힘들게 산 집을 날려버렸어. 그런데 지금 아흔이 다 된 양반이 뭐 하는 줄 알아? 약장사를 매일 쫓아다녀. 집에 안 먹는 약이 산더미로 쌓였어. 마지막으로 있던 작은 집도 잃고, 지금은 사글세로 옮겨 왔어. 월세도 우리 딸들이 내줘. 내가 속병이 나서 미칠 지경이야.

내가 젊었을 때 시집살이를 세게 했어. 시어머니, 시아버지 다 모시고 수십 년을 살았어. 그때 마음에 피멍이 들었지. 그래도 내가 우리 시어머니, 시아버지 죽었으면 좋겠다고 생각한 적은 단 한 번도 없었어. 그런데 요즘은 영감탱이가 빨리 죽어버렸으면 좋겠다는 생각이 든다니까. 내 팔자소관이니 누구를 탓하겠어. 젊었을 때도 술 먹고 들어오면 살림살이 막 부수고 그랬지만 그래도 이렇게 밉지는 않았지. 애들 때문에 평생 참고 산 거야. 우리 때는 이혼 같은 거는 생각도 못 하고 그냥 살았거든.

우리 자식들에게 피해를 주니까 미워! 하나뿐인 아들을 먼저 보냈어. 건강하고 착한 아들이었는데 암으로 먼저 보냈어. 내가 마음속에 우리 아들 무덤이 생겨서 아들 말만 해도 눈물이 나. 며느리가 재가하지 않고 간호사를 하면서 아이들 둘을 키우고 있어. 이제 손자, 손녀 우리 애기들 대학도 보내야 하니 우리 며느리가 얼마나 힘들어. 우리 며느리가 너무 고맙지. 손자, 손녀 내 새깽이들 건강하게 잘 크고 행복한 게 내 유일한 소원이야. '난 오늘 죽어도 되니까 우리 새깽이들 축복해 주세요' 그게 내 매일 기도지. 그리고 딸이 둘인데, 둘 다 잘 살아. 사위들이 똑똑해. 딸들이 얼마나 착한지, 우리 사위들도 무척 착하고. 내 자식들은 다들 순하고 예쁘고 착하지. 딸들이 돈을 보내서 엄마도 도와주고 올케도 도와주지. 이런 우리 애들에게 뭐 하나라도 해주고 싶은데 해주긴커녕 영감탱이가 약쟁이 따라다니면서 돈만 쓰니까 내가 열불이 나서 이렇게 펄쩍펄쩍 뛰는 거지.

여기 노인회 사람들에게는 내 이야기는 잘 안 해. 엄청 시끄러워. 서로 험담하고 시기하고. 책잡히면 금방 싹 말이 도니까 나는 입 다물고 살아. 그냥 할 일 없으니까 나가는 거지. 다 늙은 노인들에게 무슨 희망이 있어? 없어. 그냥 목숨 붙어 있으니까 사는 거고, 여기 나와서 시간 때우는 거지. 그냥 먹는 이야기들 하고, 자식 자랑하고 별거 없지 뭐. 번갈아 가면서 싸우기들도 해. 어느 이가 아프다고 하다가 오랫동안 얼굴 안 보이면, '죽었구나' 하지. 늙은이들 인생은 그냥 이런 거야. 그래도 나는 조금이라도 연금이 나와서 밥은 먹고 사니까 다행이지. 여기서도 돈 없으면 무시당해. 그래도 여기 있는 노인들은 아직 자기 팔다리로 움직이고, 밥도 해 먹으니까 다행인 거야. 요양원으로 가야 하면 그건 이미 끝난 거지.

영감탱이 욕이라도 실컷 하니 속은 시원하네. 내가 평생 어디 가서 이런 말을 해본 적이 없어. 어디 가서 이런 이야기를 하겠어. 영감한테도 크게 따져본 적도 없어. 그냥 여기서나 큰소리친 거야. 내 속만 숯 검댕이가 되도록 참았지. 화병인지 우울증인지. 우울증, 그게 요즘 병이지? 우리 때는 그런 거 있는지도 몰랐거든. 상담 선생, 내가 상담 또 받을 테니까 자주 와. 예전에는 노인회에 좋은 수업이 많았는데, 코로나라 다 중단돼서 더 갑갑해.

심리 상담 분야 중에서 가장 어려운 파트가 청소년 상담과 노인 상담이다. 청소년 상담은 내담자의 자의성이 약해서, 노인 상담은 상담의 일반적 프로세스를 따라가기 어려워서 힘들다. 구체적으로, 상담이 '해석'과 '적용' 과정까지 가지 못하고 '경청'과 '공감' 과정에서 끝날 때가 적지 않다. 연세가 많은 내담자일수록 듣기만 하다가 끝나는 경우가 빈번하다. 하지만 이런 현실적 한계가 있다고 해도 노인 심리 상담은 반드시 필요하다.

우리는 나이가 들면 감정적으로 덜 힘들고, 번뇌가 가라앉고, 갈등이 사라진다고 생각하는 경향이 있다. 노인들이 살아오면서 많은 경험을 했으니 힘든 일이 있더라도 덜 낙심할 것이라고 말이다. 하지만 이는 사실이 아니다. 노인이 되었다고 감정이나 정서 문제가 저절로 해결되거나 극복되지는 않는다. 오히려 여러 차례 상실을 경험했기에 더 슬프고, 우울하고, 두려울 수 있다. 노인 자살률이 청년 자살률과는 비교가 안 될 만큼 높다는 사실은 이를 증명한다. 노인 자살은 건강과 경제 문제에 더해 소외, 절망, 우울, 단절, 상실, 무기력 등의 심리적, 정신적 요인에 기인한다.

널리 알려졌듯, 우리나라는 14년째 OECD 국가 중 자살률 1위라는 오명을 얻고 있다. 그 가운데 노인 자살률은 압도적으로 세계 1위이다. 통계청이 발표한 2011년 사망 원인 통계에 따르면, 80세 이상인 노인 10만 명당 116.9명이 자살로 생을 마감했다. 2019년에는 조금 나아져 10만 명당 80대 노인 자살률은 67.4명이었지만, 남성 자살률은 133.4명을 기록했다. 부끄럽고 두려운 현실이다. 우리나라는 2026년 이전에 노인 인구가 전체 인구의 20% 이상을 차지하는 '초고령 사회'로 접어들 것으로 예측된다. 노인의 정신 건강은 더 이상 외면할 수 없는 중차대한 문제가 되었다.

많은 노인 내담자들이 처음에는 심리 상담을 쓸데없는 짓이라고 말한다. 그러나 막상 이야기를 시작하면 기다렸다는 듯 자신의 삶에 관해 털어놓는다. 그 내용은 삶의 길이와 깊이만큼이나 간절하고 안타까운 경우가 대부분이다. 이 글의 내담자 옥순 씨도 그랬다. 노인 상담 프로그램을 설명하고자 방문했던 노인회에서 한동안 조용히 듣고 있다가 다들 자리를 뜨자 그제야 나의 옆으로 다가와서 "심리 상담? 그게 뭔데? 내 속 이야기하는 거라고?" 하면서 말을 걸었다. 2시간가량 이야기를 나누는 동안, 옥순 씨의 눈꺼풀은 파르르 떨렸고, 점점 더 나에게 바짝 붙어 이야기했다. 얼마나 대화가 필요했는지, 답답한 심정이었는지, 대화에 몰두하고 있는지를 보여주는 비언어적 징표였다. 묵혀 두었던 이야기를 쏟아놓고 나더니 옥순 씨는 한결 얼굴이 편해졌다.

하버드대학교 성인개발연구소의 로버트 월딩어 교수는 75년간 724명의 인생을 추적한 연구를 발표했다. 그에 따르면, 가족, 친구, 공동체와의 사회적 연결이 긴밀한 노인들이 더 행복하고, 신체적으로 더 건강하며, 더 오래 사는 것으로 나타났다. 고독은 매우 유해한 것으로 드러났다. 고립된 사람들은 행복감이 더 작을 뿐만 아니라 건강이 더 악화되고, 뇌 기능이 일찍 저하되고, 수명 또한 짧았다.

이야기를 들어주고 공감해 주는 사람의 존재만으로도 노인 정신 건강에 큰 도움이 된다. 코로나19 팬데믹 이후 노인들은 더욱 외로워졌다. 이러한 외로움과 내적 고통을 자식이나 배우자에게 맡기기에는 한계가 있다. 어떻게 하면 좋을까?

두 가지를 강조하고 싶다. 첫 번째, 정부가 노인들에게 의지할 수 있는 존재가 되어야 한다. 기본적 욕구 충족이나 최소한의 생활 유지에 대한 노인 복지는 짧은 기간 많은 발전을 이루었다. 나아가 정신 건강 관리, 문화적 생활을 위한 복지, 사회적 역할의 수행과 같은 전생활적 측면에서 정부의 노력이 반드시 필요하다.

두 번째, 자발적 사회단체의 역할도 중요하다. 나는 초고령 사회에 맞게 기존의 노인 관련 단체들이 발전하거나, 양질의 단체들이 더 설립되어야 한다고 생각한다. 이 노인 단체들이 각자의 기능과 역할을 잘 수행하면서 동시에 연대해 노인의 인권과 복지를 위한 노력을 강화해야 한다. 또한 정부와 사회단체들의 협업도 요구된다. 자발적 사회단체들이 끌고 정부가 밀어주어야 한다. 민간과 공공의 협업 체계가 뿌리내리고 강화되어야 한다. 자랑스러운 대한민국을 만들어낸 주역인 부모 세대들의 삶을 더 이상 이렇게 방치해서는 안 된다.

보호 종료된 아이들에게 필요한 것

진짜 18세가 되면 시설에서 나와 혼자 사는 건가요?

맞아요. 저도 그랬어요. 독립을 도와주는 자립 전담 요원 선생님이 계시기는 하세요. 그렇지만 여러 명을 한꺼번에 돌봐야 하니까 충분한 도움을 받지는 못해요. 보육원에서 몇 회에 걸쳐 미리 독립을 위한 교육을 받기는 했어요.

보육원에서 나올 때 지원금은 여유 있게 나왔나요?

제가 독립할 때는 500만 원을 받았는데 지금은 1,000만 원으로 늘었다고 하더라고요. 그 돈을 보증금으로 집을 얻기도 하고, 저처럼 대학에 다니게 되는 학생들은 공부에 필요한 물품을 구매하기도 해요. 저는 노트북과 몇 가지 학습 용품을 사고 나머지는 저축해 뒀어요. 그런데 사실 돈은 두 번째 문제 같아요. 보육 종료 아동의 독립을 위해 꼭 필요한 것이 세 가지 있어요.

첫 번째, 우선 돈을 주기 전에 경제에 대한 교육이 이뤄져야 할 것 같아요. 애들 대부분 지원금이나 기초 생활 수급비가 나와도 혼자서 이 돈을 어떻게 써야 할지를 몰라요. 그래서 돈이 나오면 그동안 못 해본 것을 하거나 갖고 싶었던 것을 사버린 다음 결국 돈이 없어서 쩔쩔매요. 애들 생활비를 뜯어가려는 나쁜 어른들도 있고요.

두 번째, 사회에 나오기 전에 사회생활을 조금이라도 경험해 볼 수 있었으면 좋겠어요. 사회에 나오면 일을 해야 하잖아요. 그런데 다양한 경험을 해보지 못한 저희가 할 수 있는 일이 거의 없어요. 시설에서는 규율이 세요. 학교가 끝나면 무조건 집으로 와야 했고, 방 안에서도 선후배 간 위계가 확실해서 형들에게 존댓말을 써야 했고, 밤 10시가 되면 휴대폰은 다 반납해야 했어요. 단체 생활이니 규율이 중요하겠지만 그러다 보니 사회생활을 위한 능력을 키우지 못하게 되는 것 같아요.

마지막으로 가장 중요한 것인데요. 독립하는 첫해는 정신적으로 많이 힘들어요. 공기부터 달라요. 혼자 일어나는 것도, 잠드는 것도 다 외롭고, 밥 먹을 때도 외로우니까 늘 유튜브를 틀고 먹게 돼요. 저는 다행히 이겨냈지만 다들 외롭고 힘든 시기예요. 누군가가 정말 절실히 필요한데도 우리는 부모님이 없잖아요. 그래서 정서적으로 도움을 줄 멘토가 꼭 필요한 것 같아요.

상담사인 제가 보기에도 마음의 문제가 특히 걸리네요. 그런데 도움을 주고 싶어 하는 어른들은 분명히 있을 것 같은데, 그런 멘토를 만나기 어려운가요?

물론 여기저기서 멘토 제도를 신청하라고 해요. 하지만 '찾아오면 알려줄게' 식의 멘토 제도에 찾아갈 애들은 없어요. 우리 애들은 상처받을까 두려워하고, 성격이 소심한 경우가 많아요. 그래서 멘토가 있는 친구들이 없어요. 저도 없고요. 인간관계를 잘 맺을 수 있게 조언해 줄 어른이 필요해요. 하지만 아이들이 범죄에도 많이 노출돼 있어 그게 쉽지 않아요. 외로우니까 조금만 잘해주면 상대방을 믿고 손을 덥석 잡아요. 안타깝게도 먼저 독립한 선배들로부터 여러 가지 안 좋은 소식이 들리더라고요.

외로움과 슬픔을 나눌 멘토가 꼭 필요하겠네요. 민수 씨는 힘들 때 의지할 사람이 있었나요?

의지하던 선생님이 계셨는데 독립하고 나서 연락이 끊겼어요. 저는 보육원에서 돌잔치를 했어요. 엄마, 아빠에 대한 기억이나 추억이 전혀 없죠. 그런데 아직도 힘들 때는 엄마, 아빠가 보고 싶어요. 누군지 알고라도 싶어요. 도대체 왜 나를 버렸을까, 궁금해요. 이번에 코로나를 앓으면서 너무 아팠는데 챙겨주는 사람이 없었어요. 눈물이 나더라고요. 엄마, 아빠에 대해서는 선생님들이 절대 이야기해주지 않아요. 이제는 마음을 비웠어요. 부모님의 존재를 알게 된 후에 마음이 더 힘들어진 선배들도 여러 명 봤거든요. 선생님들이 알려주지 않는 데는 다 이유가 있을 거라고 생각해요.

동생들을 돕기 위해 노력하는 모습이 정말 훌륭해요. 어떻게 청소년 심리 상담사가 되겠다는 의지가 확고해진 건가요?

어려서부터 제게 고민을 털어놓는 친구들이 많았어요. 제가 다른 사람의 말을 잘 들어주는 성격이라서 그랬던 것 같아요. 그리고 저는 사회 복지사님이나 봉사자님 등 많은 사람의 사랑과 도움을 받았어요. 그래서 어른이 되면 누군가를 도와주는 사람이 되겠다는 생각을 늘 해왔어요. 이제 대학생이 돼서 내가 할 수 있는 작은 것들을 하면서 누군가를 도울 때 가장 행복하고 기쁘더라고요.

오히려 민수 씨가 선생님 같네요. 맞아요, 누군가에게 힘이 될 때 자신도 힘이 나는 게 상담자의 보람이죠.

지금 제가 돕고 싶은 대상은 부모님에게 상처받은 청소년, 꿈이 없는 청소년들이에요. 그 아이들을 코칭해 주고 안내해 주는 것이 저의 사명이자 목표인 것 같아요. 누군가가 옆에 있다는 것만으로 큰 위로를 받는다는 걸 저도 알고 있어요. 심리학을 공부하다 보니까 누구보다도 나 자신을 아껴줘야 한다는 생각이 들었는데, 이런 깨달음을 아이들에게 꼭 전해주고 싶어요. 그들을 위해서 제가 할 수 있는 일이라면 하고 싶어요.

보호 시설에서 지내던 아동들은 18세가 되면 아동복지법에 따라 자립 능력과 상관없이 사회에서 혼자 살아가야 한다. 이때부터 아이들이 '보호 종료 아동'이라고 불린다는 사실을 알게 되었을 때 적지 않게 놀랐다. 10대 후반의 아들을 키우고 있는 내가 가질 수 있는 의문과 안타까움은 어찌 보면 당연했다. 아직 어리기만 한 미성년자가 어떻게 어른 없이 혼자 집을 구하고, 먹거리를 준비하고, 돈을 벌면서 살아낼 수 있을까?

보호 종료 아동의 규모는 매년 약 2,500명 정도에 달한다. 다행인 것은 2022년부터 '보호 종료 아동 지원강화 방안'이 적용되어 지원금이 500만 원에서 1,000만 원으로 늘어났고, 공공 주거 지원이 강화되었다는 점이다. 더해서, 명칭이 '자립 준비 청년'으로 바뀌는 등의 긍정적 변화가 나타나고 있다. 이제 막 시작하는 단계이기에 실제적 변화와 효과가 얼마나 있을지는 지켜봐야 알겠지만 크게 환영할 만한 일이다.

그런데 민수 씨를 만나고 나서 이들의 마음속 냉기가 경제적 어려움보다 힘들고 고통스럽다는 것을 알게 되었다. 상담사로서 어느 정도 예상했지만, 막상 이야기를 들어보니 현실이 더 아팠다. 아무도 없는 집에서 혼자 눈 뜨고, 밥 먹고,

생활하다가, 다시 잠드는 일상과 몸이 아플 때도, 마음이 외로울 때도, 삶이 두려울 때도 의지할 존재는 없다는 사실에 아이들은 얼마나 좌절하고 절망할까?

2021년 1월 JTBC의 보도에 따르면, 자립 준비 청년 20명에게 "자립을 위해 어떤 것을 제일 해주었으면 좋겠냐"고 물어봤을 때 그들의 대답은 경제적 지원을 확대해 달라는 것이 아니었다. 그들 대부분이 "나를 지켜줄 사람, 나를 받아줄 어른이 가장 필요하다"고 답했다. '사회적 부모' 또는 '정신적 멘토'가 이 청년들에게는 가장 우선적으로 필요한 존재였다.

아직 어른이 되지 않은 아이를 어느 날 갑자기 정글 같은 사회 속으로 데려다 놓고 1,000만 원을 주면서 "앞으로 무엇이든 혼자 해내고, 어떤 상황에서든 잘 이겨내라"고 말한다. 슬퍼도, 외로워도, 무서워도 도와줄 사람이 없다. 마치 '아동판 오징어 게임' 같다. 아니, 〈오징어 게임〉에서는 죄라도 지을 수 있지, 여기서는 죄를 지으면 질책과 처벌이 따를 수밖에 없어 착하게 살아야 한다. 이런 과제를 담담히 해낼 수 있는 청년들이 얼마나 되겠는가. 마음이 시리고 아프다.

우려스러운 부분은 현재 적지 않은 자립 준비 청년들이 다양한 일탈과 범죄 등의 사회적 위험에 노출되어 있다는 점이다. 경제적 빈곤과 정신적 외로움 때문에 범죄를 저지르는 경우도 있지만, 아이들을 범죄에 이용하려는 악랄한 성인들에게 악용당하는 경우가 더 많다. 이런 취약하고 위험한 상황 속에서 이들은 정신적으로도 더 힘들어진다.

보호를 종료한다는 것은 결국 그들을 포기하겠다는 뜻

한국보건사회연구원이 2020년 9~11월 보호 종료 아동 3,104명을 대상으로 한 설문 조사에 따르면, 50%인 1,552명이 "죽고 싶다는 생각을 해본 적이 있다"고 답했다. 무려 2명 중 1명이다. 보호 종료 예정 아동 732명의 경우에도 42.8%가 "그렇다"고 했다. 2018년 전체 청년을 대상으로 한 자살 실태 조사에서 "자살을 생각한 적 있다"는 응답이 16.3%였던 것에 비해 3배 이상 높은 수치였다. 이들이 자살을 생각한 이유 중 가장 큰 요인은 경제적 문제와 정서적 이유였다. 절반은 자살 생각이 든 후에 특별한 대처를 하지 않거나 혼자서 속으로 삭였다. 37.4%는 "특별히 대처하지 않는다"고 했고, 14.9%는

"혼자 음주, 흡연 등으로 해소한다"고 답했다. 19.7%는 "친구와 상담"을 들었고, "시설-그룹홈 선생님, 위탁 부모님과 대화"를 하거나 "정신과 치료"를 받는 경우는 2.8%, 5.6%에 그쳤다.

상담가의 눈으로 봤을 때 경제적 후원은 그나마 눈에 보이는 변화가 있지만 심리적 돌봄은 시작 단계라고 말하기에도 부족하다. 복지부가 심리·정서 지원책을 제시하고는 있다. 자립한 선배가 갓 자립한 후배에게 멘토 역할을 해주는 사업인 '바람개비 서포터즈' 운영 확대와 무료 심리 상담 3개월간 10회 제공이 그것이다. 그러나 바람개비 서포터즈는 2022년 120명 이상 모집을 목표로 했지만 선발된 신규 인원은 70명에 불과했다. 매년 2,500~2,600명의 자립 준비 청년이 사회에 나오는 것에 비하면 턱없이 부족한 숫자다. 무료 상담도 10회가 최대치라면 너무 부족하다. 아이들의 뻥 뚫린 마음이 심리 상담 10회로 채워질 리 만무하다.

나는 민수 씨를 만난 후 자립 준비 청년에 관심이 많아졌다. 그래서 여러 명의 청년을 개인적으로, 집단적으로 따로 만났다. 그중에는 시설에서 생활하다가 자립한 청년도 있었고, 위탁 가정에 있다가 자립한 청년도 있었다. 저마다 각자의 어려움이 존재했다. 시설에서 살다가 나온 경우, 민수 씨처럼 엄격한 관리 체계와 선후배 위계 체계로 인해서 자율성을 키울 기회를 얻지 못했다는 단점과 이런저런 인간관계에서 온 상처 등의 어려움이 있었다. 위탁 가정에서 있었던 경우는 네트워크가 거의 없다 보니 자립에 대한 정보나 접근성이 부족했다는 점, 폭력이 있었던 경우 외부에 노출되지 못했다는 점, 위탁해 준 어른(할머니가 가장 많았다)이 노쇠할 경우 역부양에 대한 책임감 등의 어려움이 있었다. 내가 만났던 청년들은 잘 성장해서 후배들의 멘토 역할도 해주고 있었다. 그런데도 나의 눈에는 아직은 그들 역시 돌봐줘야 할 지지 체계와 어른이 필요해 보였다. 자립 준비 청년과 막 자립을 시작한 청년들의 심리적인 문제를 선배 자립 준비 청년들에게만 맡기는 것은 옳지 않다. 이 청년들의 도움을 받되 반드시 어른과 전문가들이 주도적으로 이끌어 가야 한다.

정부와 지자체가 주거와 경제적 후원 등 자립 준비 청년들의 삶을 위한 제도적 개선을 계획하고 실행하고 있지만, 가장 중요한 문제인 심리·정서적인 돌봄 문제도 조금 더 효과적인 방법으로 신속하게 추진할 필요가 있다. 개인적으로 가장 좋은 방식은 정부와 민간이 협력하는 체계라고 생각한다.

이 글을 쓰기 며칠 전에 만났던 자립 준비 청년인 다영 씨가 했던 말이 떠오른다. “가장 중요한 것은 자립 준비 청년을 한 사람으로 대해주는 참어른을 만나는 거예요. 나를 인간적으로 대해주는 어른이 단 한 명만 있어도 아이들이 극단적인 선택은 하지 않을 거예요”. 다른 청년의 인터뷰 기사도 떠오른다. “불쌍해서 도움을 받는 게 아니라, 존중받으며 함께 살고 싶어요”. 청년들의 모습과 말들이 내내 잊히지 않는다.

저 성적 좋아요.
그래도 입시 지옥에서 탈출하고 싶어요

① 정연

저 월화수목금토일 매일 학원 가요. 주말에도 집에서 아침만 먹고 계속 학원에 가 있거든요. 그런데 학원에만 있는다고 다 해결돼요? 저 사실 학원에서 별로 공부 안 하거든요. 내가 학원에 안 가면 엄마가 너무 불안해하니까 그냥 가 있는 거죠. 집중은 안 되고, 성적도 안 오르고, 그만두겠다고 말할 용기도 없고, 정말 너무너무 스트레스받아요. 학원에서 집으로 오면 밤 12시가 다 되는데 그때 학원 숙제를 또 해야 한다는 게 정상이냐고요. 학원이 끝나면 피곤한데도 집에 안 들어가고 아파트 주변을 돌아다닐 때가 많아요. 학원도 싫은데 집도 싫어요. 갈 곳도 없고 이야기 할 곳도 없고 정말 매일 눈물만 나요, 진짜.

② 미연 맘

딸이 성악으로 입시 준비를 하는데 요즘 머리카락이 너무 많이 빠져요. 병원에 갔더니 입시 스트레스로 인한 원형 탈모라고 하더라고요. 처음에는 작은 원이었는데 점점 커지네요. 애가 매일 목 놓아서 울어요. 성악을 하는 아이라 목이 상하면 안 되는데 매일 우니까 저도 아주 미칠 것 같아요. 괴로워서 "다 때려치우자"라고 말하니 딸아이가 "어떻게 때려치우냐"고 소리치면서 더 울고요. 도대체 무엇을 얻겠다고 애도, 저도 이 고통을 겪고 있는 건지 모르겠어요.

③ 은희

제 방은 쓰레기통이에요. 반지하 자취방의 불을 꺼놓고 일주일 동안 안 나갔어요. 수업에도 빠졌더니 과 친구들이 찾아와서 창문을 두드리더라고요. 살았나 죽었나 확인하러 왔대요. 저도 제가 한심한데 애들이 제 방을 보고 얼마나 기가 막혔을까 싶어요. 저 정말 공부 열심히 해서 서울대 붙었거든요. 꿈에 그리던 관악에 왔는데 이제 와서 아무것도 하기가 싫은 거예요. 공부는커녕 움직이기조차 싫고, 방도 막 어질러 놓고 싶어요. 뭔가 정리한다는 게 너무 싫어요. 너저분한 어둠 속에서 쉬고만 싶어요.

④ 재용

저는 특목고에 다녀요. 성적도 좋아요. 근데 올해 마지막 날, 12월 31일 '입시 지옥'에서 탈출할 거예요. 제 꿈은 대학에 합격하는 것이 아니고 친구들과 함께 생활하는 거예요. 친구 몇 명은 알고 있고, 엄마, 아빠에게는 말하지 않았어요. 이야기 안 할 거예요. 하지만 안다고 해도 부모님도, 저도 별로 바뀌는 게 없을 것 같아요. 부모님은 크게 놀라시겠지만 저는 신경 쓰지 않아요.

⑤ 민호 맘

아이에게 신경 안정제를 먹이는 기분 아세요? 고3의 봄이 지났어요. 이제 반년만 버티면 고생 끝이에요. 제 아이는 대학 입시를 위해서 12년을 달려왔어요. 이제 와서 포기하면 그동안의 우리 삶 자체가 물거품이 되는 거예요. 명문대 합격은 저도 원하지만 아이가 더 절실히 원하고 있는 목표예요. 몇 달만 버티면 되니까 마지막 수단으로 약에 의존하는 거죠. 아이가 약을 먹지 않고서는 신경이 얇아질 대로 얇아져서 끊어질 것만 같아요.

청소년들의 학습 스트레스로 인한 정신적 문제가 심각하다. 정연, 미연, 은희, 재용, 민호의 이야기를 듣고 놀라는 분들도 있겠지만 사실 더 심한 아이들도 여럿 있었다. 학업 문제로 부모와 갈등을 겪다가 정신 병원에 입원한 아이도 있었고, 최상위권 내신을 유지하다가 수능을 며칠 앞두고 돌연 학교를 자퇴해 버린 아이도 있었다. 어째서 대한민국 청소년들은 이렇게 아파야 할까.

요즘은 태내胎內에서부터 경쟁이 시작된다고 한다. 좋은 유치원에 입학하려면 배 속에 있을 때부터 대기 명단에 이름을 올려놓아야 한단다. 2018년 드라마 〈SKY 캐슬〉이 명문대 입시를 향한 고등학생들의 목숨 건 경쟁을 보여주었다면,

2022년에 방송된 드라마 〈그린마더스 클럽〉은 그보다 더 어린 초등학생들의 영재 교육에 사력을 다하는 가족들의 모습을 담았다.

이런 드라마가 늘 인기 있는 까닭은 우리 현실이 드라마와 별반 다르지 않기 때문이다. 한국 부모의 교육에 대한 관심은 노력을 넘어선 집착에 가깝다. 어느 날 드라마를 보다가 문득 그런 생각이 들었다. '도대체 이 고통들은 누구를 위한 피, 땀, 눈물이지?'

부모들의 마음을 모르는 바 아니다. 나 역시 대한민국의 학부모다. 오늘날 한국 사회는 온 신경을 곤두세우고 살아가야 할 만큼 경쟁 사회다. '나의 아이가 첫 관문을 통과하지 못한다면 다음 관문은 기회조차 가질 수 없을 거야', '지금만 고생하면 아이의 평생이 편할 거야'라는 부모의 걱정과 우려를 전적으로 이해할 수 있다.

『경향신문』 기획 시리즈 '현대판 음서제, 대입스펙'에 따르면, 현재의 대학 입시는 사회적 지위와 자본을 대물림하는 공공연한 수단이 되었다. 저소득층 가구가 평균 가구로 이동하려면 다섯 세대(150년)가 걸린다고도 했다. 이런 상황에서 우리 아이가 바닥으로 추락할 위험을 염려하지 않는 부모가 몇

이나 있겠는가. 하지만 그렇다 해도 우리 아이의 신체적·정신적 건강이 망가진다면 공부가 무슨 의미가 있을까. 현재 10대 청소년들의 정신적·정서적 문제는 몹시 심각한 수준이다.

문제의 원인으로는 여러 가지가 있다. 가정, 친구 관계, 경제적 어려움, 온라인 경험, 외모 중심적 사고 등이 그것이다. 이 가운데 가장 심각한 원인은 학업으로 인한 스트레스다. 초·중·고등학생 9,060명을 대상으로 조사한 2018년 '아동·청소년 인권 실태조사'에 의하면, "죽고 싶다"고 생각해 본 청소년이 무려 33.8%나 되었다. 그 이유로 '학업 문제'가 압도적인 1위였다. 통계청 자료에 따르면, 청소년의 자살은 2018년 10만 명당 5.8명에서 2020년에는 6.5명으로 늘어났다. 위험도도, 상황도 가파르게 악화되어 왔다.

이렇게 아이들을 희생시키면서까지 공부로 얻는 이득에 대해 나는 의문을 품는다. 고통을 감내하고 얻은 달콤한 열매는 명문 대학교 입학일 것이다. 그런데 원하는 대학교에 합격한다고 행복한 인생이 보장되는가. 과거에는 학벌이 미래의 삶을 보장해 주었지만, 현재는 그렇지 않다.

2021학년도 대입 전형 결과, 전국 대학이 평균적으로 신입생 정원의 약 10%를 채우지 못했다고 한다. 처음으로 고등학교 3학년 학생 수(43만 7,950명)가 대입 정원(47만 8,924명)보다 적었다는 학령 인구 감소가 가장 큰 원인으로 보인다. 그러나 MZ 세대*의 인식의 변화도 큰 요인으로 작용했다. 『문화일보』가 지난 MZ 세대 남녀 32명(20대 16명/30대 16명)을 대상으로 실시한 심층 인터뷰 및 설문 조사에서 59.4%인 19명(30대 10명/20대 9명)이 "대학에 가지 않아도 된다"고 답했고, 40.6%인 13명이 "가야 한다"는 입장이었다. 절반 이상 대학이 성공을 위한 필수 요소가 아니라고 생각하고 있었다. 특히 이들 중 "교육이 계층 사다리가 될 수 있다"에 동의하는 이는 18.8%(6명, 20대 5명/30대 1명)뿐이었고, 나머지는 대부분 이에 동의하지 않았다.

그렇다고 필자가 좋은 대학이 무가치하다고 말하고 있는 것은 아니다. 기성세대인 나는 좋은 대학을 갈 수 있다면 가는 것이 좋다고 생각한다. 내가 말하고 싶은 것은 아이들의 정서를 희생하면서까지 학업에만 몰두해 아이들이 입게 되는

* 1980년대 초에서 2000년대 초에 출생한 밀레니얼 세대와 1990년대 중반에서 2000년대 초반 출생한 제트 세대를 통틀어 부르는 말.

심적 내상에 관한 것이다. 그리고 아이들의 정서를 등한시하는 것은 학습적인 면에서도 손해라는 사실도 설명하고 싶다. 나는 입시의 최후는 멘탈에 달려 있다고 생각한다. 아이들의 정서를 외면했을 때 도리어 그 정서적 문제로 인해 자녀의 학습 능력이 저하되고, 입시 결과도 좋지 않은 경우를 수없이 지켜봐 왔다.

EBS 다큐프라임 〈마음근력 훈련: 긍정적 정서 유발과 초등학생 수학 성적의 향상〉에 따르면, 시험 보기 직전에 긍정적 정서가 유발된 아이들은 부정적 정서가 유발된 아이들에 비해서 시험 성적이 월등히 좋아졌다. 구체적으로 실험자는 초등학교 고학년 아이들을 두 팀으로 나누고 한 팀에게는 일주일간 있었던 행복했던 경험을, 다른 팀은 기분 나빴던 경험을 종이에 적게 했다. 이어서 수학 시험을 보게 했다. 원래 같은 수준의 수학 성적을 지닌 학생들을 모아 진행했는데, 실험 결과에서는 성적에 큰 차이가 생겼다. 아이들에게 긍정적 정서의 유발은 편도체의 활성화를 낮추고 전두엽의 활성화를 증가시켜 아이들로 하여금 시험 문제에 더 집중할 수 있게 해주었기 때문이다. 정서가 안정되어 있을 때 성적이나 학습 태도가 우수하다는 연구는 수없이 많다. 마음이 편안한 아이가 공부도 잘할 수 있다는 사실은 생각해 보면 당연한 결과다. 그런데 우리는 이 쉬운 사실을 잊을 때가 많다.

상담을 위해 만났던 한 학생의 얼굴을 떠올린다. 그 학생은 나에게 "할 수 있는 일이 우는 것밖에 없어서 매일 운다"고 웃으면서 말했다. 잘못한 것도 없고 365일 매일 하라는 대로 공부만 하고 있는데 왜 점점 더 힘든 곳으로 내몰리냐고 머리카락을 뽑으면서 나에게 물었다. 치열한 경쟁 사회에서 입시를 준비하는 학생들이 행복하고, 즐겁기는 물론 힘들다. 그러나 아직 미성년인 아이들에게 가장 중요한 것은 건강하게 잘 자라서 건강한 성인이 되는 것이다. 아이가 심각한 병에 걸렸는데 계속 공부만 시킬 부모가 있을까? 신체의 병만큼 마음의 병도 아플 수 있다. 지금 우리들의 10대 아이 중에는 마음의 중병에 걸린 경우가 많다. 학업보다 중요한 것은 역시 건강이다.

술, 과연 언제든 끊을 수 있을까요

아빠는 늘 "내가 마음만 먹으면 술은 언제라도 끊을 수 있다"고 하셨어요. 엄마도 "당신이 술만 끊으면 우리는 행복할 수 있어요" 하셨고요. 제가 오랜 시간 중독에 대해 공부하면서 그런 생각들이 모든 중독자의 합리화이자 착각이라는 것을 알게 됐어요. 아빠는 그 시간에 재활 병원으로 가 치료를 받았어야 해요.

중독자의 자녀로 산다는 건 지옥을 경험하는 거예요. 불안감이 컸어요. '오늘 집에 돌아가면 또 어떤 일이 일어나 있을까', '아빠가 술을 마시면 엄마를 때리거나 물건을 부수지 않을까', '친구들이 아빠가 알코올 중독자라는 걸 알게 되면 어떻게 하지' 하는 생각에 늘 사로잡혀 있었죠. 저는 한 번도 집에 친구를 데리고 온 적이 없어요. 친구들이 볼까 봐 남의 집을 우리 집인 것처럼 들어가려고도 했죠. 내 마음을 누군가에게 들킬까 봐 아무렇지도 않은 척, 밝은 척, 똑똑한 척했어요. 나를 포장하는 게 참 버거웠어요.

엄마는 자신의 괴로움을 철야 기도로 푸셨어요. 아빠랑 크게 싸우시거나 아빠가 사고를 내시기라도 하면 아예 기도원에 들어가서 사셨고, 심지어 30일씩 금식을 하시기도 했어요. 저는 그동안 방치됐죠.

알코올 중독자의 가족들이 잘못 판단할 때가 알코올로 기분 좋아졌을 때쯤 중독자를 설득하려 하는 거예요. 저희 엄마도 그러셨어요. 아빠가 술을 약간 마시고 나면 기분이 좋아지시거든요. 엄마는 '이때다' 싶어서 잔소리를 시작하세요. 그러나 결과적으로 아빠는 폭음하게 되시고, 싸우게 되시고, 폭력까지 일어나는 것이죠.

중독자 아이들은 두 가지 패턴으로 나뉘어요. 어떤 아이들은 지긋지긋한 현실을 벗어나려고 안간힘을 쓰고, 어떤 아이들은 자포자기해 버리죠. 다행히 저는 전자였어요. 그 환경에서 벗어나고 싶다는 일념으로 공부를 열심히 했어요. 다행히 성적이 좋았고, 좋은 대학에도 합격했어요. 그런데 새로운 문제가 생기더라고요. 엄마가 본격적으로 제게 의지하기 시작하셨어요. 모든 어려움과 고민을 제게 의논하셨고 제가 해결해 주기를 바라셨어요. 겨우 20살인 제가 엄마의 유일한 희망이자 멘토, 우상이 된 거죠. 버거웠어요. 생각해 보니 엄마는 어렸을 때부터 저에게 의지하셨네요. 아빠가 술에 취해 돌아올 때면 10살 된 제 손을 꽉 잡으시곤 했어요. 심지어 중·고등학교 때는 아빠의 외도를 의심했던 엄마가 10대 딸에게는 절대로 말하지 않았어야 했던 것들까지 이야기하시기도 했어요. 의지할 곳 없는 엄마를 이해했지만 상처를 입었어요.

엄마는 제가 잠시 해외에 나가 있던 기간에 옥상에서 심장마비로 돌아가셨어요. 아빠는 술에 취해 있으셔서 엄마가 집에 안 들어왔다는 사실조차 몰랐어요. 밤새 옥상에 방치되다가 결국 깨어나지 못하셨어요.

대학을 졸업한 후 중독에 관해 오랫동안 공부했어요. 지금은 여러 곳에서 사람들을 가르치는 일을 하고 있고요. 이런 제가 심하게 불안해지거나 스트레스를 받으면 무얼 하는지 아세요? 숨어서 무엇인가를 먹어요. 아무도 없는 곳에 숨어서 후다닥 먹어 치우죠. 그러고 나면 마음이 좀 가라앉아요. 아빠의 모습과 똑같아요. 아빠는 평생 몰래 술을 마셨어요. 아빠도 공부를 많이 한 사람이셨고, 똑똑하신 분이셨어요. 그렇게도 싫어했던 아빠의 모습을 제가 따라 하더라고요.

중독자 가정에서 자라면 후유증이 있을 수밖에 없어요. 저는 문제를 이성적으로 파악하고 있지만 그럼에도 불구하고 극복하기 버거운 것들이 아직도 있어요.

아빠가 얼마 전 돌아가셨어요. 엄마가 돌아가신 후 10년 동안의 시간은 말로 표현하기 어려울 정도로 힘든 시간이었어요. 알코올 중독자라 요양원에서도 안 받아줘서, 결국 제가 사는 집 근처에 원룸을 얻어 제가 돌봤죠. 남편에게 무척 미안했어요. 아빠가 돌아가셨을 때 마음이 시원할 줄 알았지만 그렇지 않았어요. 아픈 시간의 뚜껑이 덮이는 기분이었어요. 이제 아빠가 평안하시기를 바랄 뿐이에요.

내가 만난 또 다른 알코올 중독자 자녀 중에도 섭식 장애를 가진 내담자가 있었다. 불안하면 폭식하고, 그런 자신을 증오하면서 다 게워내곤 했다. 가족으로부터 떠나지도 못하고 사랑하지도 못하는 무의식적 갈등에서 기인한 행동이었다. 알코올 중독은 당사자뿐 아니라 가족들에게도 많은 고통과 상처를 남긴다. 그래서 '가족의 병'이라 불리기도 한다. 알코올 중독자의 가족은 밤낮으로 불안과 공포를 느끼면서 분노와 죄의식을 겪게 된다. 주위의 시선이 두려워 중독의 문제를 가족들만의 비밀로 억압시키므로 시간이 지날수록 상황은 심각해진다. 중독자의 아이들이 수면 장애, 섭식 장애, 불안 장애, 우울증 등 여러 정신적 고통에 시달리는 이유다.

생애 초기부터 알코올 중독자 자녀이면서 보호자였던 수진 씨는 현재 알코올 중독자 가족을 교육하는 일을 하고 있다. 그녀는 중독자 가족에게 두 가지를 꼭 전하고 싶다고 했다. 첫 번째, '술만 끊으면 다 해결될 거야'라는 생각은 버려야 한다. 이것은 허상이고 비합리적인 신념이다. 이런 착각에 빠져 아무 노력도 하지 않고 시간을 보내면 만성적인 중독자 가족의 형태로 가게 되는 것이니 이런 생각을 끊고 전문가의 도움을 받아야 한다. 두 번째, 중독자의 삶과 '나'의 삶을 분리해야 한다. 그(그녀)가 불쌍해서, 사랑해서, 미워해서 그와 동일시하는 것은 누구에게도 도움이 되지 않는다. 나는 그의 가족이지만, 그 전에 나의 삶의 주인이라는 인식이 중요하다. 각자 자신의 삶을 살아내지 않으면 결국 다 같이 침몰한다.

필자 역시 각종 중독 문제를 지닌 이들을 여러 명 만나 왔다. 중독자가 된 원인은 저마다 달랐다. 어떤 사람은 외로워서, 어떤 사람은 불안해서, 또 어떤 사람은 호기심에 손을 댔다가 중독되었다. 중요한 것은 원인과 양상이 모두 달랐다고 해도 정식 치료를 받지 않을 경우 결국, 그들의 개인적·사회적 삶이 피폐화된다는 사실이 같았다는 점이다.

우리 사회는 술에 관대하다. 술로 인한 문제가 생겨도 가정 안에서는 개인적 문제로, 가정 밖에서는 순간의 실수라고 이해해 주곤 한다. 외국에서는 알코올을 심각한 사회적 문제로 다루는데, 한국에서는 음주 문화가 점점 더 발전하는 양상을 보인다.

한국건강증진개발원이 발표한 '2021년 주류광고 및 음주장면 실태조사'에 따르면 일상을 보여주는 이른바 '관찰 예능'에서 출연자가 직접 술을 마시는 장면이 1회 방영분 전체 분량의 25% 이상을 차지하는 것으로 나타났다. 2021년 1~11월 방영된 시청률 상위 1~20위 인기 프로그램을 대상으로 음주 장면을 모니터링한 결과다. 횟수로 치면 예능 프로그램보다 드라마 속 음주 장면이 더 많았다. 예능 프로그램 1편당 음주 장면은 0.5회였고, 드라마는 1.3회였다. 지상파(0.7회)보다는 종편·케이블(1.2회)의 음주 장면이 더 빈번했다. 음주 장면을 분석한 결과 원샷, 술잔 돌리기, 폭탄주 등 해로운 음주 행동이 32.3%였고, 음주 후 고성방가, 욕설, 폭력 등 공공질서를 해치는 행동은 11%에 달했다. 6.6%는 음주를 긍정적으로 묘사했다. 청소년이 즐겨 보는 유튜브의 음주 조장은 더 심각했다. 한국건강증진개발원이 제시한 유튜브 전체 음주 영상의 조회 수는 평균 약 80만 회이며, 이는 아동, 청소년에게도 상당 부분 노출되었을 것이라고 예상했다. OTT(온라인 동영상 서비스)의 경우 한 편당 음주 장면이 5.1회에 달했다. 예능과 드라마 한 편당 평균 음주 장면은 각각 3.3회, 5.6회였다.

문제는 음주 조장 미디어 콘텐츠가 실제 대중들의 음주로 이어진다는 점이다. 건강증진개발원이 국민 1,000명을 대상으로 "미디어에서 묘사된 음주 장면 시청 이후 술을 마시고 싶다는 생각이 들었느냐"고 물은 결과, 20%가 "그렇다"고 답했다. 평소 스트레스를 받거나 자주 술을 마시는 사람일수록 음주 장면을 본 뒤 술을 마시고 싶다는 욕구가 더 커진 것으로 조사되었다. 유튜브의 경우 혼자 술을 마시는 '혼술' 하는 사람에게서 이런 경향이 더 강하게 나타났다.

음주를 조장하는 사회에서 알코올 중독자와 그 가족은 더 깊은 수렁으로 빠져든다. 중독이 무서운 이유는 쉽게 그 행위를 중단할 수 없다는 사실 외에도 술에 대한 내성이 생겨서 점점 많은 양을 마시게 된다는 점이었다. 이미 중독 상태에 빠졌다면, 술의 양을 점진적으로 줄여서 사회적으로 용납되는 수준으로 그 음주량을 제어하기가 사실상 불가능했다. 따라서 중독에서 벗어나기 위해서는 힘이 들더라도 치료를 통해 술을 완전히 끊어야 한다. 즉, 알코올 중독은 질병으로 접근해야 한다. 이런 심각한 질병인 알코올 중독을 일으키는 알코올이 각종 매체를 통해 미화되고, 조장되고, 즐겨지는 현 상황이 매우 우려스럽다.

"제가 어렸을 때 한 명만이라도 '너는 잘못이 없어', '부끄러워할 필요가 없어'라고 말해 주었다면, 그렇게 힘들지는 않았을 거예요. 그런데 단 한 명도 그런 이야기를 해주지 않더라고요."

수진 씨가 나에게 나직이 건넸던 말이 귓가에 맴돈다. 중독자 자녀에게는 아무런 잘못이 없다. 상처받은 그들에게는 지지와 배려, 격려와 응원이 필요하다. 중독자의 가족 구성원이 힘을 얻고 용기를 내야 중독이라는 괴물로부터 중독자도, 가족도 모두 지켜낼 수 있다.

마지막으로 정보를 하나 전한다. 알코올 중독자나 가족에게는 자조 집단이 매우 중요하다. 중독자 가족으로 고통을 받고 있다면 알아넌Al-anon*을 주의 깊게 살펴보기를 권하고 싶다. 알아넌은 현재 131개국에서 수천 개의 알코올 중독 가족 모임을 활발하게 운영하고 있는 단체다.

* 알아넌은 알코올 의존자의 가족이 서로 도우며 격려하기 위해 모인 단체다. www.alanonkorea.or.kr

18년 넘도록 말 못 한 성폭행 피해, 더는 혼자 감당하지 마세요

제가 초등학교 4학년일 때 7살이었던 남동생이 많이 아팠어요. 부모님은 남동생을 살리려고 전국을 돌아다니셨어요. 용하다는 의사는 다 찾아다니고, 좋다는 민간요법은 다 시도해 보고, 여기저기 기도를 드리러 다니셨어요. 부모님이 동생을 데리고 전국을 다니는 동안 저는 고모 집에 맡겨졌어요. 한 달에 한두 번밖에 부모님을 만날 수 없었어요.

그래도 잘 지냈어요. 외롭기는 했지만 괜찮았어요. 고모네는 아들만 하나였기 때문에 고모부는 저를 딸처럼 예뻐해 주셨고, 부모님이 양육비를 충분히 주셨기에 고모도 좋아하셨어요. 그러던 어느 날 제게 지옥의 문이 열렸어요. 고모는 밖으로 돌아다니는 분이셨고, 고모부도 자주 출장 가셔서 집에 어른이 안 계실 때가 많았어요. 저는 중학교 2학년이었던 사촌오빠를 무척 좋아했어요. 키도 크고 다정한 오빠는 제게 동경의 대상이었거든요. 어른이 안 계시는 날에는 무서워서 종종 오빠 방에서 숙제를 하거나 책을 보다가 잠들곤 했어요.

문제의 그 날도 별생각 없이 오빠 방에서 잠들었는데 이상한 느낌이 들어 눈을 떠보니 오빠가 제 속옷에 손을 넣고 제 몸을 만지고 있었어요. 뛰어나오고 싶었는데 아는 척을 하면 더 큰 일이 생길 것 같아서 모른 척하고 몸만 뒤척였어요. 오빠는 곧 멈췄어요. 저는 깬 척하고 제 방으로 돌아왔어요. 무서웠어요. 고모나 고모부한테는 말할 수 없어서 엄마가 오기만을 기다렸어요. 그런데 한 달이 다 되도록 엄마가 오지 않으셨어요. 그 사이에 두 번째 사건이 발생했어요. 거실에서 TV를 보고 있었는데 오빠가 제 옆에 앉더니 제 몸을 슬쩍 만졌어요. 오빠는 뻔뻔하게 행동했고, 저는 반항하지 못했어요. 죄책감을 느꼈어요. 저는 공부를 못하는데 오빠는 공부를 잘하는 모범생이었기 때문에 다 멍청한 내 잘못이라는 생각까지 들었어요.

어느 날 엄마가 오셨어요. 드디어 살았다는 생각이 들어서 눈물이 다 났어요. 엄마한테 말할 기회만 기다렸거든요. 하지만 엄마는 제게 어떻게 지냈냐고 물어보지도 않으셨어요. 도리어 고모가 우는 엄마를 위로하셨죠. 고모는 동생이 위험한 상황이라고 말해주셨어요. '내 이야기까지 하면 엄마는 정말 죽겠구나' 하는 생각이 들어 아무 말도 할 수 없었어요. 그렇게 1년 반이 지났어요. 몇 번의 추행이 더 있었고, 제가 5학년이었던 어느 날 밤 결국 고등학생이 된 오빠에게 성폭행을 당했어요. 그때 저는 생리를 막 시작한 때이기도 했는데, 몸의 변화를 받아들이기 어려운 상태에서 성폭행까지 당하자 너무나 두려웠고 자신이 더럽게 느껴졌어요.

그래도 부모님의 노력에 하늘이 감동했는지 2년 만에 동생의 병이 나았어요. 다시 부모님과 살게 돼서 기뻤지만 저는 어느새 비행 청소년이 돼 있었어요. 가출을 하고 술, 담배도 했어요. 친구들이나 선생님들은 저처럼 가정도 윤택하고 좋은 부모님을 둔 애가 왜 이러는지 모르겠다고 했지만, 제 마음속에는 나를 보호해 주지 못한 부모님에 대한 극심한 분노가 있었어요. 동생도 원망스러웠어요. 그래서 집에 있기가 싫었어요.

대학생이 된 후에는 남학생들에게 인기도 꽤 많았지만, 남자가 옆에 있기만 해도 피부가 화상을 입은 것처럼 화끈거리고 쓰라렸어요. 28살인 지금까지 결혼은커녕 연애해 본 적도 없어요. 사촌오빠는 수의사가 돼서 결혼하고 잘살고 있더라고요. 아주 다정한 남편이 됐다고요.

악몽을 자주 꿔요. 사촌오빠 집에 가서 다 폭로하고 후려치는 꿈을 꾼 적도 있고, 제가 가족에게 모든 것을 털어놓는 꿈을 꾸기도 해요. 그때마다 제 편은 없어요. 모든 가족이 너 하나 때문에 우리 모두 불행해졌다고 하면서 차가운 얼굴로 저를 외면하죠. 저는 오열하다가 꿈에서 깨요. 아무 말도 못 하는 자신이 벌레 같이 느껴져요. 자존감 따위는 없어요. 제가 정말 원했던 것은 엄마에게 위로받는 것이었어요. 저를 만진 오빠를 혼내고 뒤도 안 돌아보고 저를 그 집에서 데리고 나가주는 것이었어요. 어린 나를 그렇게 혼자 버려둬서는 안 됐던 거예요.

겨우 초등학생이었던 어린 지연은 얼마나 두렵고 무서웠을까? 믿고 있던 사촌오빠에게 성폭행을 당했다는 사실만으로도 말할 수 없는 충격인데, 그 사실을 털어놓을 수 있는 보호자의 부재, 가해자와 한집에서 지내야만 했던 상황까지. 간절하게 기다리다 만난 엄마에게 결국 아무것도 털어놓지 못했던 순간에는 절망감과 무력함이 지연 씨를 에워쌌을 것이다. 현재 그녀의 마음속에 자리한 분노와 두려움은 어찌 보면 당연하다.

더 안타까운 부분은 지연 씨의 깊은 죄책감이다. 그런데 이런 죄책감은 성폭행 피해자들 대부분이 느끼는 옳지 않은 감정이다. 피해자들은 어떤 잘못도 저지르지 않았음에도 불구하고 자신이 무언가를 잘못한 것 같다는 생각에 빠져 심하게 자책한다. 이는 다른 범죄와 달리 성범죄를 쉬쉬하면서 덮으려고 하는 사회 분위기의 영향이다. 게다가 지연 씨처럼 가해자가 친족일 경우에는 상황이 더 심각해진다. 가해자를 대놓고 미워하고 증오하기가 어려워지니, 어떻게 대처하고 대응해야 하는지를 몰라 혼란스러워하다가 결국 증오의 화살을 자신에게 돌리기 쉽다.

하지만 자책하지 않아야 한다. 쉽지 않아도 노력해야 한다. 잘못을 저지른 사람은 오로지 그 가해자뿐이다. 지연 씨의 경우, 가해자는 이성적 행동을 할 수 있는 모범 학생이었고, 어린 지연을 보호해야 하는 사촌오빠였다. 게다가 어른이 되어서도 해당 사건에 대해 일절 언급하지 않고 사과하지 않았다. 이렇게 가해자가 명백한 상황에서 자신이 더럽다고 느끼는 것은 옳지 않다. 성폭행이 악랄한 이유는 인간의 자존감을 훼손하는 범죄이기 때문이다. 그러다 보니 성폭행 피해자들은 자신이 망가졌거나 더럽혀졌다고 생각하게 된다. 그러나 그렇지 않다. 그들의 삶과 자존감은 무너지지 않았고, 조금도 더러워지지 않았다. 우리의 자존감은 그따위 폭력에 의해 더러워지는 존재가 아니다. 더러워진 것은 이런 죄를 저지른 가해자의 삶이다.

지연 씨의 몸은 신체화Somatization 증상을 경험하고 있다. 신체화란, 정신적 문제가 신체적 증상으로 나타나는 것을 의미한다. 믿었던 사촌오빠에게 성폭행을 당함으로써 지연 씨의 몸은 무의식적으로 모든 남성에 대한 불신과 거부를 나타냈다. 피부가 쓰라리고 화끈거리는 증상이 나타나 괴롭겠지만, 자신의 고통을 솔직히 드러내고 있다는 점에서는 다행이다. 밖으로 표출하지 않으면 속으로 곪아 더 큰 병이 생길 수도 있다.

지연 씨는 십수 년 동안 자신을 괴롭히면서 살아왔다. 사람들이 보기에는 방황과 반항을 일삼는 비행 청소년이었겠지만, 사실은 홀로 큰 고통을 짊어지고 감당해 온 생존자다. 지연 씨가 이 고통을 홀로 짊어질 수밖에 없었던 상황이 일반적이거나 당연하지는 않다. 아마 그녀는 어머니에게 피해 사실을 털어놓기를 포기하며 누군가에게 의지하려는 일말의 기대감도 함께 체념했을 것이다.

그러나 조심스럽게 이제라도 지연 씨가 어머니에게 피해 사실을 이야기하기를 권한다. 그녀가 가장 원했던 바가 어머니의 위로고, 어머니가 지연 씨를 매우 사랑한다는 사실에 대해서는 확실한 믿음이 있기 때문이다. 지연 씨가 겪은 일에 대해, 느꼈던 두려움과 절망에 대해, 자신을 보호해 주지 않았던 부모님을 향한 원망스러움에 대해 더는 혼자 감당하지 않고 털어놓을 필요가 있다. 처음에는 당연히 큰 충격을 받겠지만 딸을 사랑하는 만큼 후회하고 미안해할 것이다. 지연 씨의 내면에 있는 '어린 지연'에게는 어머니의 후회와 사과, 어쩌면 눈물까지도 필요할 수 있다. 이런 이야기를 하고, 듣는 것이 처음에는 서로에게 고통이 되겠으나, 결국 치유를 향해 함께 나아가는 과정이기도 하다. 이유도 모른 채 오랜 기간 딸의 방황을 지켜본 부모님도 분명 고통스러웠을 것이다. 이제는 서로가 위로받아야 할 때다.

사촌오빠를 어떻게 하면 좋을지는 결국 당사자인 그녀가 결정할 사안이다. 어떤 결정도 강요할 수 없으며 무엇이 옳고 그르다고 단언할 수도 없다. 다만 가족들이 받을 상처나 불화를 신경 쓰기보다, 자신의 마음을 가장 먼저 고려하기를 바란다. 지연 씨는 오랜 시간 아팠다. 만약 지연 씨의 아픔과 결정을 인정하지 않는 가족이 있다면, 그 사람을 더 이상 가족이라고 할 수 없을 것이다.

성범죄에 노출된 사회, 만들어지는 피해자들

우리 사회에서 성범죄는 매우 중대한 사회 문제다. 가해자와 피해자의 연령대는 점점 더 낮아지고, 범죄 방식은 더욱 다양해졌다. '친족 간 성폭행'이나 '묻지 마 강간'과 같은 전통적 범죄 양상에 더해 각종 디지털 성범죄까지 나날이 심각해지고 있다. 2022년 10월에 울산 경찰청에서 발표한 바에 따르면, 울산의 성범죄 신상 정보 등록 대상자가 5년 사이에 76.9% 늘어났다고 한다. 이러한 추세가 울산만의 현상은 아닐 것으로 보인다.

대한민국에서 여성으로 살아가는 이들 중에 성범죄로부터 자유로운 사람이 있을까? 직접 성범죄에 표적이 되거나 대상이 되는 경우도 많지만, 직접 당하지 않더라도 친한 친구들이나 선후배의 성범죄를 목격하거나 사례를 접하게 되는 경우는 수없이 많다. 대부분의 여성이 무차별적으로 성범죄에 노출되어 있다.

모든 성폭행이 몸과 마음을 파괴하지만, 어린 시절에 친족 성폭행을 당하게 된다면 설명하기 어려울 정도로 큰 타격을 받는다. 작고 어린 몸이 겪은 충격도 어마어마하지만, 가장 믿었던 존재로부터 당한 폭력으로 인해 인간에 대한 '신뢰' 자체가 무너진다. 누군가를 믿고 의지할 수 있는 희망이 없어졌기에 이성 교제뿐만 아니라 다른 평범한 인간관계도 힘들고 관계 형성을 두려워하게 된다. 다 만들어지기도 전에 짓밟힌 몸과 마음을 회복하기 위해 피해자는 평생 동안 노력해야 한다. 당사자가 아니고서는 차마 헤아릴 수조차 없는 고통이다.

심각한 스토킹 범죄나 성범죄가 일어날 때마다 대중과 여론이 들끓고, 그러다 보니 법적 처벌 수위가 강화되고 있는 추세다. 그러나 실제 양형은 오히려 약화되었다는 반론도 끊이지 않는다. 보이기에만 급급한 방식이 아닌 성폭력 피해자를 보호하고 지원해야 하는 성범죄 대응과 관리는 어디를 향해 가고 있는 것일까. 두말할 필요 없이 성범죄는 가장 반인권적인 범죄 행위이다.

용어 사전

17쪽 주지화(Intellectualization): 심리 방어기제의 하나로서, 고통스럽거나 힘든 감정으로부터 자아를 분리한 채 지나치게 이성적이고 지적인 방법으로 문제에 대처하는 방식이다.

29쪽 엔데믹(Endemic): 본래 특정 지역에서 지속해서 발생하는 질병을 뜻했으나, 코로나19로 '주기적 유행의 감염병' 정도의 의미로 쓰이게 되었다.

코로나 블루(Corona Blue): '코로나19'와 우울을 뜻하는 'Blue'가 합쳐진 신조어로, 코로나19의 확산으로 일상에 큰 변화가 생기면서 생긴 우울감이나 무기력증이다.

포스트 코로나 블루(Post Corona Blue): 재난이 끝날 무렵 덮쳐오는 우울감으로, 재난 후 3년이 가장 위험한 시기다.

30쪽 상대적 박탈감(Relative Deprivation): 타인과 자신을 비교해 나타나는 박탈감으로, 자신보다 많은 것을 가진 대상으로 인해 상대적으로 자신이 가져야 할 무언가를 잃은 기분을 느낀다.

33쪽 트라우마(Trauma): '상처'를 뜻하는 고대 그리스어 τραῦμα에서 비롯되었다. 충격적인 경험으로 인한 정신적 외상을 뜻하며, 이로 인해 다양한 정신 장애가 유발될 수 있다.

38쪽 결정적 시기(Critical Period): 아동이 어떤 특정한 적응 행동을 습득하기 위해 생물학적으로 준비되고, 그를 위한 적절한 환경이 제공되어야 하는 시기를 말한다. 결정적 시기 중에서도 가장 중요한 시기는 18개월까지의 '애착 형성 시기'로 여겨진다. 그러나 발달이 폭발적으로 이루어지는 13세까지는 대부분 결정적 시기라고 볼 수 있다.

48쪽 외상 후 스트레스 장애(Post Traumatic Stress Disorder): 전쟁, 재해, 폭행, 사고 등 심각한 사건을 겪은 후, 목숨에 영향을 끼칠 정도로 극심한 공포감을 지속해 겪는 것을 말한다. 그로 인해 다양한 정신 질병을 동반할 수 있으며 정상적인 생활에 어려움을 겪는다.

60쪽 탈물질주의(Post Materialism): 물질 중심에서 벗어나 개인의 자유, 개성, 삶의 질과 삶의 의미를 중시하는 관념이다.

66쪽 가면 우울증(Masked Depression): 겉으로 드러나지 않거나 본인도 인지하지 못한 채 신체적 증상이 나타나는 우울증으로, 수면 장애와 섭식 장애 등이 자주 나타난다. 가면을 쓴 듯 외면과 내면이 다르다고 해서 가면 우울증이라 불린다.

89쪽 역기능 가정(Dysfunctional Family): 가족의 역할이 제대로 작동하지 않는 가정으로, 부모 양측 혹은 한쪽에서 아동을 방치 혹은 학대하고, 다른 한쪽은 그를 용인 혹은 묵인한다. 양육자들이 양육할 능력이 없기에 자녀들은 사회화에 어려움을 겪고 혼란을 느낀다.

92쪽 사회적 지지(Social Support): 다른 사람들로부터 얻을 수 있는 긍정적 자원. 사회적 지지를 통해 부정적 스트레스에 대항하는 능력이 강화된다.

112쪽 스마일 마스크 증후군(Smile Mask Syndrome): 심리 내면에는 우울감과 불안감이 상당한 상태지만, 겉으로는 웃고 있는 상태. 나츠메 마코토 교수가 처음으로 사용한 용어로, 실질적 감정에 상관 없이 미소를 일관해야 한다고 느끼는 인간의 심리적 불안감을 나타낸다. 가면 우울증과 유사하다.

124쪽 투사(Projection): 방어기제의 하나로서, 어떤 상황이나 욕망, 동기 등을 무의식적으로 타인에게 귀속시키는 현상. 즉, 무의식적으로 다른 사람에게 부정적인 감정을 돌리는 심리 현상을 말한다.

146쪽 메디컬 푸어(Medical Poor): 의료 빈곤층. 과도한 의료비로 인해 경제적으로 어려움을 겪다가 결국 빈곤층이 되는 이들을 가리킨다. 의료비 마련을 위해 집을 팔거나 빚을 져야 하는 경우에 자주 나타난다.

156쪽 참자기(True Self): 도널드 위니컷이 처음으로 사용한 용어로, 타고난 잠재력을 일컫는다.

거짓자기(False Self): 역시 도널드 위니컷의 용어로, 참자기와 대치되는 단어. 자신의 타고난 잠재력을 인정하거나 중요하게 여기지 않고 대상의 요구에만 초점을 맞추어 행동하는 성격적 측면이다.

172쪽 행동화(Acting Out): 방어기제의 하나로서, 고통이 행동 표현으로 드러난다.

194쪽 자기대상(Selfobject): 하인즈 코헛이 고안한 개념으로, 개체가 타인을 자신의 한 부분으로 체험하는 현상을 지칭한다. 즉, 자기와 완전히 분리될 수 없는, 자신의 몸과 같은 대상을 말한다. 타인을 반사하고 이상화해 비슷한 특성을 가지고자 반응해 자기의 욕구를 충족해 주는 대상이다.

196쪽 번아웃 신드롬(Burnout Syndrom): 자신의 최대한의 에너지를 다 쓴 후에 체력과 정신력이 소진되고 다 타서(Burn) 없어진(Out) 상태를 말한다.

263쪽 신체화(Somatization): 정신적 문제가 신체적 증상으로 나타나는 것이다.

회복하는
마음

초판 1쇄 2023년 4월 26일

지은이 박상희

발행인 유철상
기획·편집 정유진
편집 홍은선, 김정민
디자인 주인지, 노세희
마케팅 조종삼, 김소희
콘텐츠 강한나

펴낸곳 상상출판
출판등록 2009년 9월 22일(제305-2010-02호)
주소 서울특별시 성동구 뚝섬로17가길 48, 성수에이원센터 1205호(성수동2가)
전화 02-963-9891(편집), 070-7727-6853(마케팅)
팩스 02-963-9892
전자우편 sangsang9892@gmail.com
홈페이지 www.esangsang.co.kr
블로그 blog.naver.com/sangsang_pub
인쇄 다라니
종이 ㈜월드페이퍼

ISBN 979-11-6782-134-8 (03180)